나는 경매로 1년 만에 인생을 역전했다

29억 자산가 환경미화원의 월 1,000만 원
현금흐름 만드는 소액 부동산 전략

구범준 지음

나는 경매로 1년 만에 인생을 역전했다

길벗

일러두기

* 본문에 나온 수익률은 경매 취득 후 처음으로 전월세를 설정한 시기의 수익금과 투자금을 기준으로 산정했다.

어떤 일이 있어도 내 곁을 지켜준

사랑스러운 아내와 아들에게

프롤로그

그러니까
당신도 살아

서른 살, 나는 내 인생이 완전히 실패했다고 믿었다. 대학 졸업장은 구경도 못 해봤고 배워놓은 기술도 없었다. 젊음 하나가 무기였지만 내 몸은 만신창이가 돼 있었다. 모아놓은 돈도 많지 않았다. 그렇게도 벗어나고 싶었던 가난은 여전히 나를 옥죄었다. 고등학교를 졸업하고 10년을 죽도록 일했는데 남은 건 칼에 찔린 상처와 짙은 좌절감뿐이었다.

생각해 보면 공부가 가장 쉬운 거였다. 남들처럼 학창시절 열심히 공부해 대학에 갔더라면, 그래서 번듯한 직장을 가졌더라면, 아니 우리 집이 가난하지만 않았더라면, 내 인생이 이처럼 꼬이진 않았을 텐데. 원망과 후회와 자책과 슬픔이 몰려왔다.

아직 서른 살일 뿐인데 삶이 지긋지긋했다. 지칠 대로 지쳐 더 이상 아무것도 하고 싶지 않았다. 기력이 다한 노인처럼 멍하니 누워 시간을 흘려보냈다. 더 살아야 한다는 사실이 끔찍했다. 삶은 끝없는 숙제와도 같아서 풀고 나면 또 다른 숙제가 나타났다. 해결해야 할 문제가 없었던 적이 있었던가. 남들에겐 친절한 삶이 나에게는 가혹하게 굴었다. 왜 그런지는 물론 알고 있었다. 가난하기 때문이었다. 부자가 되고 싶었다. 그 주제넘은 욕심이 화를 부른 것일까. 또래보다 일찍 돈을 버니 금세 부자가 될 수 있다고 자만했기 때문일까. 사실 부자는 못 돼도 집 한 채, 차 한 대 소유하고 주말을 즐기며 사는 정도는 가능할 줄 알았다. 그런데 그게 쉽지가 않았다. 나로서는 충격적인 깨달음이었다. 너무나 당연하게 여겼던 평범한 삶조차 나 같은 흙수저에겐 꿈같은 일이라는 게, 놀라웠다.

도대체 어디서부터 잘못된 것일까. 병상에 누워 많은 생각을 했다. 그리고 결국 인정했다. 내가 실패했음을 인정했고 나는 부족한 인간임을 인정했다. 그러자 홀가분했고 다른 사람들과의 비교도 자연스레 멈춰졌다. 못나면 못난 대로, 가난하면 가난한 대로 나를 존중해주기로 했다. 금수저들과 나를 비교하지 않기로 했다. 돈이 있기에 더 많은 돈을 버는 사람들을 시기하지 않기로 했다. 그래서 더욱더 치열하게 부동산 경매에 매진했던 것 같다. 금수저 부모를 만나지 못했으니 나 스스로가 금수저가 돼야 했다.

그날 내 인생이 바뀌었다

처음 월세를 받던 날을 기억한다. 그날 내 인생은 과거와 이별을 고했다. 부동산 경매 투자를 시작하고 단 3개월 만에 일어난 일이다. 그 이후 현금흐름 월 1,000만 원을 이루기까지는 3년도 걸리지 않았다. 단돈 50만 원이라도 월세를 받고 나면 세상을 보는 다른 눈이 생긴다. 자본가의 시각을 이해하게 되고, 어떻게 하면 자본소득을 늘려갈 수 있는지 알게 된다. 그리고 한 번 체득한 시스템을 여러 차례 반복하면 결국 경제적 자유를 이루게 된다.

수많은 책을 읽어보니 돈을 버는 방법과 기회는 많았다. 하지만 내가 할 수 있는 투자는 많지 않았다. 그래서 선택한 게 빌라 경매 투자다. 당시 나는 몇억 원씩 투자해서 서울의 아파트는커녕 서울의 빌라조차 살 수 없었다. 그럼에도 한 번 불평한 적도, 아쉬워한 적도 없었다. 그저 지금 할 수 있는 일을 묵묵히 성실하게 할 뿐이었다.

비가 오나 눈이 오나, 퇴근 후에는 무조건 입찰하러 경매 법원에 갔고 패찰해도 절대 낙담하지 않았다. 한 푼이라도 아껴보려 직접 인테리어를 해보기도 하고 궁지에 처한 세입자들을 도와주려고 사방팔방 정보를 알아보기도 했다. 그렇게 1년을 보내니 내 안에서 무언가 변해 있었다. 그 짧은 시간에 완전히 다른 사람이 된 것이다.

미치도록 가난에서 벗어나고 싶은데 어떻게 해야 하는지 몰랐던 20대 시절, 누군가가 내가 여태까지 스스로 터득한 방법 중 하나라도 가르쳐줬다면 나의 청춘은 훨씬 순조로웠을 것이다. 그래서 알려주고 싶었다. 가방끈도 짧고 직업도 변변찮으니 돈 벌긴 글렀다고 생각하는 사람들, 스스로 단정 짓고 부자가 되기를 단념한 사람들, 삶의 방향을 잃고 희망 없이 사는 사람들에게 나 같은 놈도 29억 원의 자산을 일궜으니 용기를 내라고 말해주고 싶었다.

이 책의 사용법

이 책은 과거의 나처럼 돈도 없고, 학벌도 없고, 지식도 없는 사람을 위해 최대한 쉽게 집필했다. 내가 가끔 주변 사람에게 경매 투자를 한번 해보라고 권유하면 공통으로 하는 말이 있다.

"권리분석이 어렵고 명도가 무서워서 못하겠어요. 혹시 이상한 물건을 낙찰받으면 어떡해요?"

열 명 중의 아홉 명은 이런 이유로 선뜻 경매를 하지 못한다. 나는 이 책에서 편견을 깨주고 싶었다. 어려운 용어 설명을 하면서 시작하는 다른 경매 도서와 달리, 모호하게 경매 방법을 설명하지 않고 전문가 혹은 내가 실전에서 직접 사용하는 투자법을 다뤘다. 이 한 권을 전부 읽고 나면 생각보다 경매가 어렵지 않다는 깨달음을 얻을 것이다.

경매 투자 경력이 쌓여가자 초보 시절 읽어온 경매 책과 진짜 현실 사이의 괴리가 느껴졌다. 책으로만 볼 때는 한없이 어렵고 두려웠는데, 실제 몇 차례 낙찰을 받고 수익을 내보니 손이 많이 갈 뿐 원리 자체는 단순했다. 권리분석과 명도도 책에서 겁주는 만큼 그다지 어렵지도 않았고, 경매에 나온 매물 중 권리분석이 단순하고 안전한 물건도 많다는 것도 깨달았다.

실제 전문가들도 어렵고 복잡한 특수물건에 많이 도전하지 않는다. 그들도 간단하고, 쉽고, 수익 나는 물건들만 찾아 투자를 하고 많은 수익을 낸다. 초보자와 전문가가 다른 점은 딱 두 가지다. 어떤 물건이 좋은지 알아보는 눈과 무엇이든 바로 실천하는 실행력. 그뿐이다.

나는 이 책에서 초보자도 간단하게 좋은 물건을 찾는 법부터 타인의 권리와 일상을 존중하면서 수월하게 명도를 하는 법을 상세히 설명했다. 나의 경험과 노하우를 모두 생생하게 풀어냈으니 넓은 마음으로 귀 기울여주었으면 한다. 경매에는 수많은 법률적 용어, 다양한 대출 방법 등 수많은 전문 지식이 있다. 그만큼 변수가 많은 분야이기 때문인데, 분량의 한계상 모두 담을 수 없었다. 다른 이유로는 정보가 너무 과하면 정말 중요한 게 무엇인지 오히려 헷갈리기 때문이다. 그러므로 이 책에 나온 모든 정보는 반드시 숙지하되 책에 수록되지 못한 지식은 다른 경매 전문 서적 혹은 인터넷 검색을 활용해보길 권한다.

당신이 못할 리가 없다

그동안 여러 힘든 상황을 겪으면서 타인과 나를 비교하는 것만큼 쓸모없는 짓은 없다고 여겨왔다. 그럼에도 불구하고, 이 책을 읽는 동안만큼은 당신이 나와 당신 자신을 비교하기를 바란다. 나처럼 가진 것 없고 배운 것 없는 놈도 1년 만에 가난을 벗어났는데, 나보다 훨씬 나은 당신이 못할 리가 없다. 당신에게는 좋은 머리가 있고 미래에 대한 계획이 있고 인내심이 있고 실력이 있다. 나에게는 없었던 것들이다. 혹 나보다 못하다고 생각한다면, 그건 그것대로 좋다. 조금만 분발하면 되니까. 나 같은 놈 정도는 누구나 금세 따라잡을 수 있다.

하루하루 돈 버는 데 바빠 하늘을 볼 수도 미래를 꿈꿀 수도 없이 그저 바닥만 보며 깊은 한숨을 쉬는 이들이 내 이야기를 읽고 힘을 얻을 수 있기를 바란다. 방향을 잃고 낙심한 채 살아가는 누군가에게 동기부여가 되고, 나아가 부를 축적하는 방법을 배울 수 있는 계기가 되었으면 좋겠다.

어려운 시절이다. 티끌만 한 불빛이라도 보여야 이 춥고 어두운 길을 나아갈 수 있는데 아무것도 보이지 않는다. 그렇게 느끼는 이들이 적지 않을 것이다. 나 역시 그랬다. 더 나은 삶을 살고 싶었지만 방법을 몰라 답답했고, 내 처지가 가망 없어 보였다. 그때의 나만큼 혹은 나보다 더 각박한 삶을 살고 있을지 모를 당신에게 이 책을 바친다.

목차

프롤로그 그러니까 당신도 살아 · 6

제1장 집이 바닥 친 내 인생을 구원해주다

01 왜 나는 그토록 절실했는가 · 19
02 돈은 죄가 없다 · 24
03 두 번째 고난이 찾아오다 · 29
04 가난은 슬퍼할 여유를 주지 않는다 · 34
05 부자들은 이렇게 돈을 버는구나 · 38
06 나는 BMW를 모는 환경미화원이다 · 44
07 내 인생의 구원, 경매 투자를 만나다 · 48

제2장 경매 투자, 당신도 할 수 있다

01 왜 지금 경매 투자를 해야 하는가 ·57
02 첫 경매에서 인생을 배우다 인천 계양구 1층 빌라 ·64
03 월세와 시세차익, 두 마리 토끼를 잡다 시흥시 정왕동 3층 빌라 ·73
04 집주인이면서 좋은 사람일 수 있다 시흥시 역세권 반지하 빌라 ·83
05 최악의 상황을 그려보고 투자하라 안산시 반지하 18평 빌라 ·90
06 빌라로 월세 100만 원 받을 수 있다고? 고양시 덕양구 1층 빌라 ·97
07 경매 고수로 가는 험난한 길 파주시 2층 빌라 ·104
08 취득세를 내더라도 이익이 남는 물건 파주시 1층 빌라 ·117
09 반드시 경매가 아니어도 괜찮아 인천시 계양구 작전동 재개발 빌라 ·125

제3장 무작정 따라 하면 돈 버는 경매 투자의 기술

01 이제 경매를 시작해볼까 ·133
02 좋은 물건이란 무엇인가 ·138
03 위험한 물건만 피해도 절반은 성공이다 ·143
04 권리분석이 쉬운 물건의 두 가지 조건 ·149

05 반드시 알아야 할 권리분석 기초 지식 ·161
06 공식 문서로 권리분석 더블 체크하기 ·188
07 결정적 단서를 찾아라, 손품의 기술 ·197
08 진짜 정보는 현장에 있다 ·203
09 특명, 수익률을 구하라 ·214
10 낙찰받으러 법원에 가볼까 ·221

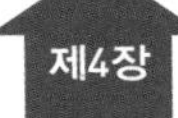

절대 실패하지 않는 경매 실전 노하우

01 명도, 내 집을 갖기 위한 마지막 관문 ·235
02 세금이 무서워 투자를 못하는 당신에게 ·242
03 어떤 빌라에 투자할 것인가 ·247
04 금리가 높아지면 정말로 망할까 ·253
05 나만의 월세 투자 대원칙 ·259
06 수익률을 올리는 인테리어의 법칙 1 ·263
07 수익률을 올리는 인테리어의 법칙 2 ·270

제5장 부동산 경매를 하며 깨달은 것들

01 작은 원칙들이 큰 결과를 만든다 ·285

02 비교를 멈추고 너만의 투자를 하라 ·289

03 인생이 달라지려면 등기를 쳐야 한다 ·294

04 내 꿈은 건물주가 아니라 우상향 인간이다 ·299

05 생각이 우리를 부자로 만든다 ·303

에필로그 돈도 없고 희망도 없는 사람들에게 바치는 책 ·308

제1장

집이 바닥 친 내 인생을 구원해주다

01

왜 나는 그토록 절실했는가

고등학교 졸업을 몇 달 앞둔 어느 날, 나는 떨리는 마음으로 누군가에게 전화를 걸었다. 병원 화장실 벽에 붙은 스티커에 적혀 있던 낯선 번호. 얼마 지나지 않아 상대가 전화를 받았다. 나는 심호흡을 한 뒤 용건부터 말했다.

"저… 장기를 팔고 싶어서요."

"몇 살이죠?"

"열아홉 살입니다."

"음, 열아홉이라…. 너무 어려서 안 되겠는데."

말기 암 환자인 아버지를 어떻게든 고쳐드리고 싶었지만 열아홉의 내가 할 수 있는 일은 아무것도 없었다. 유일하게 가진 장기조차 팔 수 없었다.

아버지가 위암 말기라는 사실을 들었을 때, 하늘이 무너지는 것 같다는 말이 무슨 뜻인지 알게 됐다. 우리 집은 가난했기 때문이다. 평범한 중산층이었던 우리 가족에게 가난이 찾아온 건 아버지의 사업 실패와 IMF 사태가 겹치면서부터였다. 분양받은 새 아파트에서 낡고 비좁은 다세대주택으로 이사했고, 언제부터인가 용돈을 받지 못했다. 용돈은커녕 고등학교 등록금을 걱정하는 지경에 이르렀지만 차마 등록금 달라는 말을 할 수가 없었다.

가정 형편 탓이었을까. 학업은 항상 뒷전이었고 친구들과 어울려 다니느라 집에 붙어 있질 않았다. 아버지와 대화할 일도 없었다. 아버지는 식구들 먹여 살리고 빚 갚느라 늘 열심히 일하셨고 나는 일주일 내내 놀기 바빴으니까. 그런데 어느 일요일 오후, 아버지가 배가 아프다며 대학병원에 가자고 하셨다. 아버지는 큰 병임을 직감했던 것이다. 알고 보니 못 먹는 소주를 한 병씩 마셔 가며 통증을 견뎠고 병원비가 걱정돼 며칠이면 나아질 거라며 버텼다 한다.

병원에 입원해서도 아버지의 돈 걱정은 사라지지 않았다. 며칠간 음식을 못 드시다가도 입맛이 돌아오면 찾는 음식이 메기매운탕이었는데, 그것조차 양껏 드시질 못했다. 당시 메기매운탕의 가격이 아직도 잊히지 않는다. 살날이 얼마 남지 않았는데 그깟 돈 3만 8,000원이 뭐라

아파트에 살다가 가난해진 뒤 이사한 낡은 빌라

고…. 한참을 망설이는 아버지를 보다가 조용히 병실에서 나왔다. 비상 계단에 주저앉아 얼마나 울었는지 모른다.

어머니도 아버지 간병으로 일을 못하니 우리 집은 더욱 가난해져 갔다. 그래서 내가 아버지를 돌보기로 했다. 학교 같은 건 아무래도 좋았다. 서무과에서 찾아와 등록금 납부를 독촉하던 날부터 나는 학교에 가기 싫었다. 담임 선생님이 반 친구들 앞에서 등록금을 내지 않았다고 이름을 부를 때 너무 창피해서 교실 밖으로 뛰쳐나가는 날도 있었다. 그래도 고등학교 졸업장은 있어야 사람 구실하고 살 수 있다는 생각에 딱 쫓겨나지 않을 정도로만 학교에 나갔다.

나는 학교에 가는 대신 암 병동에서 아버지를 간병했다. 가난은 여전히 빼아팠다. 아버지의 치료비는 물론 누나의 대학교 등록금과 하숙비, 형의 대학교 등록금까지 돈 들어갈 곳투성이였다. 나까지 대학에 갈 수는 없었다. 고등학교 졸업장은 받았으니 됐다 싶었다.

어느 날 아버지가 내게 말하셨다.

"범준아, 아빠 소원이 뭔 줄 아니?"

"건강해지시는 거요."

"아니. 네가 대학에 가는 거. 그게 내 마지막 소원이다."

아버지의 마지막 소원을 이뤄드리기 위해 대학에 진학했다. 등록금을 대기 위해 막노동 아르바이트를 했다. 새벽 6시까지는 인력사무소에 도착해야 선착순으로 주는 일을 받을 수 있어 새벽 2시부터 준비를 했다. 학교에서 제일 가까운 인력사무소가 걸어서 네 시간 거리였기 때문이다. 이른 시간이라 버스도 없어 꼬박 네 시간을 걸었다. 그렇게 악착같이 버티다 결국 휴학을 했다. 건강이 급격히 악화된 아버지를 다시 간병하기 위해서였다.

몇 달 후, 아버지는 돌아가셨다. 막내아들 대학 가는 걸 보려고 삶의 끈을 놓지 않고 계셨던 걸까. 마지막 소원을 이루었으니 여한이 없으셨을까. 가난이 원망스러웠다. 의사가 권유했던 1회에 300만 원짜리 10회 시술이 필요하다던 그 비보험 치료를 받았다면 아버지는 살 수 있지 않았을까. 우리가 돈이 있었다면 아버지를 살릴 수 있지 않았을까.

가족 모두 충격이 컸다. 아버지가 가족을 위해 얼마나 열심히 살아왔는지 우린 다 알고 있었으니까. 하지만 사랑하는 이의 죽음을 어떻게 감당해야 하는지, 이 고통을 어떻게 견뎌야 하는지 알지 못했다. 그 누구도 가르쳐준 적이 없었고 학교에서도 배운 적도 없었다.

몇 달을 누워 밥도 제대로 먹질 못했다. 너무 허기가 져 한술 뜰 때조차 아버지 속 썩인 일들만 생각나 밥이 넘어가지 않았다. 그렇게 오랫동안 방에서 나오질 못했다. 하루하루 지나는 동안 우리 집 통장 잔고는 계속 빠져나가고 있었다. 나는 방에서 나와야 했다. 슬퍼서 아무것도 못 하겠는데 꼭 해야만 할 일이 있었다. 돈을 버는 일이었다.

돈 없는 사람만이 아는 세상의 민낯

가난은 세상의 숨은 얼굴을 드러내준다. 가난하지 않았다면 몰랐을 차갑고 비정한 얼굴이다. 아버지가 돌아가시자 친척들부터 연락을 끊기 시작했다. 먼저 전화를 하면 돈 빌려달라고 할까 봐 무서워서인지 받지도 않았다. 아버지가 건강할 때는 이런저런 부탁을 들어주고 친절하던 주변 사람도 하나둘씩 떠나갔다.

나는 복학하지 않았다. 전교 꼴찌에 졸업장도 겨우 딴 내가 무슨 대학인가. 대학은 포기하는 게 맞았다. 스무 살의 내가 그때 깨달은 것이 하나 있다. 가난해도 행복하다는 말은 순전히 거짓말이라는 것. 그건 아마도 부자들이 만들어낸 이야기가 아닐까.

02

돈은 죄가 없다

아버지는 자신이 죽는 순간까지도 세상에 남아 힘들게 살아갈 처자식을 걱정했다. 돌아가시기 석 달 전에 가족들이 먹고살 수 있도록 작은 식당을 알아보고 계약까지 해놓았다. 그 식당에서 어머니와 함께 장사를 시작했다. 어머니도 나도 처음 하는 일이었지만 다행히 장사가 잘됐다. 몇 달이 지나자 식당은 자리를 잡았고 나는 빨리 군대를 다녀와서 돈 버는 데 집중하겠다고 마음먹고 서둘러 입대를 했다.

그러나 2년 뒤 제대했을 때 식당은 어려워져 있었다. 어머니 혼자 식당을 꾸려나가는 일이 쉽지 않았던 것이다. 다른 일을 찾아야 했다. 무조건 돈을 많이 벌고 싶었다. 돈으로 행복을 살 수는 없다. 하지만 불행을 막을 수는 있다. 더 이상 불행하고 싶지 않았다.

일자리를 알아보기 시작했다. 그 무렵 친구가 사행성 오락실에서 일을 하는데 한 달에 300만 원에서 500만 원을 번다는 소리를 들었다. 어떤 일인데 그렇게 돈을 많이 버느냐 물었더니 절대 불법은 아니고 간단한 서빙과 '멘트'만 하면 된다고 했다. 무조건 그곳에 취직하겠다고 마음먹고 친구가 일하는 오락실에 자리가 나기만을 기다렸다.

아니나 다를까, 친구에게서 자리가 났다는 연락이 왔다.

"그런데 홀에서 일하는 게 아니라 상품권을 교환해주는 일이야. 그래서 월급이 많지 않아."

"괜찮아. 첫술에 배부르겠냐. 오락실에 대해 잘 모르니 차차 배우면 되겠네."

"그럼 이력서랑 주민등록등본 떼서 면접 보러 와."

"고맙다, 친구야."

그날 저녁 면접을 보고 다음 날 바로 출근했다. 업무는 간단했다. 5퍼센트의 수수료를 떼고 상품권을 돈으로 바꿔주는 일이었다. 저녁 7시부터 아침 7시까지, 한 달 정도 일했을까. 첫 월급 120만 원을 받고 얼마 안 돼서 사건이 일어났다.

상무가 갑자기 오더니 밀린 월급 대신 상품권을 가져가겠다고 했다. 사장에게 전화를 했으나 통화가 안 됐다. 상무는 사장하고 얘기가 다 됐으니 걱정 말라며 900만 원어치 상품권을 가져갔다.

다음 날, 사장은 자신의 허락 없이 상품권을 내줬다며 심하게 다그쳤고 나는 겁이 나서 그날 이후 출근을 하지 않았다. 건장한 사내 셋이 우리 집을 찾아온 건 이틀인가 뒤였다. 그들은 돈을 내놓으라며 윽박질렀다. 내가 가져가지도 않은 900만 원을 내놓으라니 미칠 노릇이었다. 절대 못 준다고 하자 분위기가 험악해졌다. 112에 신고를 해서 경찰이 오자 그들은 별일 아니라는 듯 사라졌지만, 나는 무서워서 일주일간 집 밖을 나가지 못했다.

어머니께 말하니 내게 허황된 일 말고 정상적인 일을 하라고 하셨다. 어떻게든 빨리 가난을 벗어나 보려는 내 마음을 몰라주는 어머니가 그때는 야속하기만 했다. 꼭 오락실에 다시 취직해 홀에서 일하겠다는 오기도 생겼다.

구직 사이트에서 매일 검색을 한 결과, 드디어 원하는 일자리를 얻을 수 있었다. 문제는 손님들 앞에서 마이크를 잡고 해야 하는 멘트였다. 학교에서도 발표만 하면 심장이 터질 것 같아 말을 더듬던 내가 "자, 멋지게 3연타까지 가서 30만 잭팟 챙겨가시길 바랍니다!" 같은 멘트를 해야 하는 것이다. 나로서는 상상만으로도 식은땀이 나는 일이었다. 하지만 식은땀이 나도, 심장이 터져도 해야 했다. 고졸에 기술도 경력도 없는 스물두 살짜리가 월 500만 원을 벌 수 있는 일은 내가 아는 한 그 일뿐이었다.

친구의 도움을 받아 일주일간 맹연습을 했다. 처음 마이크를 잡았던 그날, 무슨 말을 어떻게 했는지 기억도 나지 않는다. 다만 여기서 최고가 돼야겠다고 결심하고 죽어라 노력했던 기억밖에는.

나는 노동의 끝을 보았다

첫 월급을 받았을 땐 세상을 다 가진 기분이었다. 4년제 대학 졸업자 초봉이 180만 원도 안 되던 시절에 300만 원이 넘는 돈을 받았다. 이대로만 가면 부자가 되리라 믿어 의심치 않았다. 나는 더 열심히 일했고, 6개월 만에 관리자 위치에 올랐다. 수입도 같이 늘었다. 많으면 1,000만 원 이상, 적어도 500만 원이 달마다 손에 들어왔다.

매섭고 비정하던 세상이, 만만하게 느껴졌다. 돈 벌기가 이렇게 쉬웠다니. 물론 세상 편한 일은 아니었다. 밤낮이 바뀐 채 하루 열두 시간씩 일을 했고 건강 따윈 신경도 안 썼다. 내게 중요한 건 오로지 돈이었다.

더 이상 돈 걱정을 하지 않았다. 돈이 계속 들어오니 고민 없이 쓰기 시작했다. 과거에 대한 보상심리 같은 것이었을까? 명품을 사는 것도 아니고 푼돈을 값어치 없이 허투루 썼다. 집 안의 가구와 가전제품도 새것으로 바꿨다. 그러다 보니 한 달 월급이 온데간데없어지곤 했다. 그래도 걱정이 안 됐다. 월급날은 또다시 돌아올 테니까. 나는 한 달에 1,000만 원을 버는 사람이니까. 나는 될 놈이니까. 이번 달은 적자지만 다음 달부터 좀 아끼면 금세 돈을 모을 테니까.

그러던 어느 날, 갑자기 직장이 사라졌다. 정부가 사행성 오락실을 불법으로 규정하면서 하루아침에 백수가 됐다. 예비군 훈련을 받으러 가야 하는데 통장엔 달랑 3,000원뿐이었다. 성인이 되고 나서 처음으로 어머니에게 손을 벌렸다. 차비 만 원을 받아 예비군 훈련장으로 가는데 왜인지 눈물이 났다.

훈련을 받는 2박 3일 동안 나는 생각하고 또 생각했다. 어쩌다 이렇게 되었을까. 없어도 또 많아도 문제인 돈, 그놈의 돈이 문제였다. 하지만 마음 깊은 곳에선 이미 알고 있었다. 돈은 아무 죄가 없었다. 영원히 한 달에 1,000만 원씩 벌 줄 알았던 어리석은 나, 돈 한 푼 못 모으면서 부자라도 된 듯 잘난 체했던 나, 돈을 어떻게 관리하고 운용해야 하는지 하나도 모르면서 배우려고 하지 않았던 한심하기 짝이 없던 나, 내가 문제였다.

정신이 번쩍 들었다. 나는 돈을 벌 생각만 했지 아낄 생각은 못했다. 아무리 월급이 많아도 써서 없애는 건 금방이었다. 그렇게 써 버릴 돈이라면 많이 번들 의미가 없었다.

그해 여름, 어머니 식당을 돕기 위해 시장을 오가면서 물 한 병 사 마시지 않았다. 아무리 목이 타도 식당으로 돌아와서야 정수기의 물을 마셨다. 이제는 절대 허투루 돈을 쓰지 않겠다고 결심했다.

그리고 다시 일자리를 찾기 시작했다.

03

두 번째 고난이 찾아오다

내가 일자리를 찾는 기준은 오로지 돈이었다. 중요한 건 당장 얼마나 돈을 벌 수 있느냐였지 앞으로의 전망이나 발전 가능성 같은 건 생각도 안 해봤다. 노래방 웨이터, 주차 관리, 대기업 생산직, 연예인 매니저, 옷 장사, 막노동 등 돈이 될 만한 일만 찾아다녔다. 그러다 일이 지겨워지면 또 다른 일을 찾아헤맸다.

성실히 공부하고 스펙을 쌓으며 노력하는 또래들을 보면 답답했다. 그렇게 해봐야 미래는 월급쟁이일 텐데 언제 부자가 되랴 싶었다. 하지만 나는 일찌감치 돈을 벌고 있으니 서른 살이 됐을 때 승자는 내가 될 거라고 믿었다. 나는 좀생이들과는 다른 특별한 사람이었다. 그까짓 대학생 나부랭이들 하나도 부럽지 않았다. 대기업 다니네 하는 양복쟁이들도 전혀 안 부러웠다.

돈을 더 주는 곳으로 끊임없이 직장을 옮겨다니고 쉬는 날은 어머니의 식당을 도우며 일 중독자로 살던 어느 날, 문득 정신을 차려 보니 내 나이 스물아홉이었다. 미친 듯이 일했지만 여전히 나는 부자가 아니었다. 오락실에서 번 돈을 다 써 버리고 눈물을 흘리며 다짐했건만 역시 돈을 많이 모으지 못했다. 하루에 믹스커피 스무 잔을 마시며 36시간 운전을 하면서도 버텼는데…. 몸은 점점 더 무거워져 예전처럼 빠릿빠릿하지 못했다. 하지만 고졸 학력으로 월 300만 원 이상을 벌려면 잠을 줄여야 했고 남들보다 두세 배의 노력이 필요했다. 내 몸을 갈아넣어야 그 정도의 월급을 받을 수 있었다. 이건 아니다 싶었다. 뭔가 잘못됐다는 생각이 들었다.

철저하게 학력 위주인 이 사회, 노동의 가치를 제대로 인정해주지 않는 이 나라가 잘못이었다. 성실히 공부해서 안정적인 직업을 갖거나 한 분야에서 꾸준히 실력을 쌓지 않은 내 삶의 방식에 문제가 있을지도 모른다는 생각은 하지 않았다. 나에게는 끈기도 없었고 정석보다 편법을 좋아했지만 내가 살아온 인생이 틀렸다고 인정하기가 싫었다.

그래서 비행기 티켓을 구입했다. 나 같은 사람이 살아가기에 한국은 희망이 없었다. 해외는 다를 것이다. 한국처럼 대학 졸업장이 없다고 무시당하지도 않고, 열심히 일한 만큼 대우받을 수 있을 것이다. 한국에는 없는 새로운 기회를 찾아 부를 이룰 수 있을 것이다.

왜 내게만 이런 일이 일어날까

반드시 성공하리라 다짐했다. 구체적인 계획은 없었다. 현지에 가서 직접 부딪히며 이런저런 일을 해보다가 정 안 되면 군대에서 배운 정비 기술을 활용해 돈을 벌어 볼 심산이었다. 걱정하는 어머니께는 이 막내 아들을 믿으라면서 생활비로 매달 250만 원씩 부쳐드리겠다고 큰소리를 쳤다.

돌이켜 보면 도피나 다름없었지만 그렇게 나는 한국을 떠났다. 그리고 타국에서의 생활에 적응하기 위해 노력하면서 내가 할 수 있는 일이 무엇인지 찾아봤다. 어느 정도 외국 생활에도 익숙해지자 긴장이 풀리고 여유가 생겼다. 이제 이어폰으로 음악을 들으며 길거리를 걸을 수도 있게 됐다.

그날도 음악을 들으며 걷던 중 문자메시지가 왔다. 멈춰 서서 메시지를 확인하는데 뒤에서 누군가가 내게 어깨동무를 했다. 깜짝 놀랐지만 한국인이 많은 지역이라 나를 친구로 착각했겠거니 싶었다. 고개를 돌려 보니 역시 모르는 사람이었다. 한국인도 아닌 것 같았다. 저리 가라고 손짓을 하려는데 목에 차가운 감촉이 느껴졌다. 칼이었다.

'이게 무슨 상황이지?'

‘강도인가?’

‘여기서 어떻게 벗어나야 할까?’

‘내가 먼저 돈을 주자.’

짧은 순간 여러 생각이 스쳤다. 일단 지갑이 어느 주머니에 있는지 떠올리고 돈을 주겠다고 말했다. 그러고는 천천히 지갑을 꺼내 건네주는데 지갑이 그의 손에 다다를 무렵 다시 칼이 들어왔다. 순간 목을 찔리는 것보다는 낫겠다 싶어 손으로 칼을 잡았다. 그렇게 순식간에 싸움이 벌어졌다. 칼을 잡을 때 오른 손바닥을 찔렸기 때문에 내가 불리했다.

정신없이 싸우다 보니 상대가 한국인이라는 걸 눈치챘다. 그러나 여전히 일면식도 없는 사람이었다. 엎치락뒤치락하면서도 아무 상관없는 나한테 이 사람이 왜 이럴까 생각했다.

결국 상대는 도로 쪽으로 자빠졌고, 나는 그의 얼굴을 발로 찬 뒤 배 위에 올라타려 했다. 그때 뒤에서 누가 등을 걷어차는 바람에 나도 바닥으로 내동댕이쳐졌다. 2인조 강도였던 것이다.

나에게 얼굴을 걷어차인 강도는 잔뜩 화가 나 있었다. 누워 있는 내 심장을 향해 계속 칼을 휘둘렀고 나는 구둣발로 죽을힘을 다해 막았다. 필사적으로 막다 보니 상대도 살짝 지친 기색이라 그 틈을 타 몸을 일으켰다. 그 순간 눈앞으로 칼이 휙 지나갔다. 칼은 정확히 내 코를 베었고, 코가 잘린 와중에도 지나가는 이에게 도움을 청하기 위해 주변을 살폈지만 사람은 보이지 않았다.

상대는 또다시 칼로 공격을 해왔다. 나는 주먹을 날렸지만 오른팔이 칼에 깊이 찢겼다. 코가 잘리고 오른손을 사용하지 못하는 채로 30분을 더 싸웠다. 이렇게 죽는구나 싶었다. 그때 구원처럼 택시 한 대가 지나가는 모습이 보였다.

도와달라고 소리치며 택시로 달려갔다. 하지만 택시 기사와 뒷자리에 탄 승객은 놀란 눈을 하고 쳐다만 볼 뿐 어떤 행동도 취하지 않았다. 어쩌면 당연한 일이었다. 코는 잘리고 칼에 찔려 온몸이 피범벅인 남자가 갑자기 달려들어 도와달라고 하면 나 역시 놀라서 멈칫거렸을 것이다.

결국 도움받기를 포기하고 다시 싸움을 시작했다. 내가 죽기 살기로 덤벼드니 강도는 도망가기 시작했다. 잡아야 한다는 무의식적 생각에 나도 따라 뛰었다. 200~300미터쯤 달렸을까. 나는 CCTV를 발견하고 멈춰 서서 안도의 한숨을 쉬었다. CCTV가 있으니 경찰이 동선을 추적하면 쉽게 잡을 수 있을 테니까.

그리고 더 이상 피를 흘리면 위험할 것 같았다. 다행히 주변에 사람들이 있어 도움을 청했고 나는 병원으로 옮겨졌다.

04

가난은 슬퍼할 여유를 주지 않는다

의사가 말했다.

"빨리 수술해야 합니다. 수술이 늦어지면 오른팔에 괴사가 시작돼 결국 팔을 절단해야 해요."

나는 팔을 잘라도 좋으니 한국에 가서 수술하겠다고 의사와 경찰을 설득했다. 팔이 잘려도 좋고 죽어도 괜찮으니 당장 한국으로 돌아가고 싶다는 생각뿐이었다.

그러나 돌아가기도 쉽지 않았다. 여러 항공사에 전화를 해봤지만 피를 많이 흘린 나를 태워주겠다는 곳은 없었다. 2박 3일을 호텔에 머무

르며 항공편을 알아보는 동안 내 파란만장한 20대가 지옥이라는 긴 터널을 통과하고 있는 기분이었다.

다행히 대한항공 기장님의 승낙으로 인천행 비행기를 탈 수 있었다. 그러나 해외에서 성공하겠다는 내 꿈은 물거품이 되었고, 범인도 아직까지 찾지 못했다.

그렇게 겨우 돌아온 나는 일곱 차례의 수술을 받아야 했다. 범인을 용서하지 못했고 세상을 저주했으며 신을 원망했다. 너무 서럽고 억울해서 하늘에 대고 외치지 않을 수 없었다.

"저 열심히 살았어요. 아시잖아요."

"놀지도 않고 죽도록 일만 했어요."

"서른 살인데 몸은 만신창이가 되고 희망도 사라졌어요. 몸보다 마음이 너무 아파요. 이제 어떻게 살아야 하죠?"

신이 미웠고 한편으론 나 자신이 초라하고 한심했다. 그리고 외롭고 슬펐다. 나에게는 의지할 사람이 없었다. 내게도 가족은 사랑이었지만 그 사랑은 받는 게 아니라 주는 것이었다. 그래서 내가 돌아온 것도, 입원해 있는 것도 알리지 않았다. 어머니가 얼마나 놀라고 가슴 아파할지 알기에 말할 수 없었다.

병원비도 걱정이었다. 일곱 차례의 수술과 재활치료, 6개월간의 입원에 수천만 원의 비용이 들었다. 마음껏 슬퍼할 수도, 나 자신을 실컷 조롱할 수도 없었다. 돈이 없으면 명품만 사치가 아니라 슬픔도 사치였다. 실연당해 가슴이 찢어질 것 같아도 아침이면 직장에 나가야 하고, 남편을 여의어도 눈물을 닦고 자식들을 먹여 살려야 한다. 가난은 충분히 슬퍼할 여유를 주지 않는다. 안타깝지만 그게 현실이었다.

나에 대한 비난을 멈추기로 했다

병원에 혼자 있으니 자연스레 이런저런 생각을 하게 됐다. 원망, 분노, 화, 절망, 우울, 여러 감정이 마음속에서 휘몰아치기를 여러 날이 지난 후에 나는 슬퍼하기를 그만두고 나 자신에 대한 비난을 멈추었다. 대신 내 삶의 방식이, 내 생각이 틀렸음을 인정했다. 내 욕심들을 하나씩 내려놓고 남들과 내 인생을 비교하지 않으려 노력했다. 그리고 내 인생이 바닥이란 걸 받아들였다. 그랬다. 나는 당시 밑바닥에 서 있는 거였다.

무엇을 할 수 있을까 하고 고민을 거듭하다가 일단 한 가지만 생각하기로 했다. 건강을 회복하는 것. 그렇게 오른손 재활에 집중했다. 그리고 남는 시간에는 책을 읽었다. 생각해 보니 나는 어렸을 때 교과서는 제대로 읽어본 적이 없어도 성공한 사람들이나 기업 CEO의 자서전은 끝까지 읽었었다. 여전히 성공 스토리에 관심이 많았기에 병상에 앉아 부를 일군 사람들의 책을 읽었다.

내가 읽은 책 속의 부자들은 사업을 하거나 재테크에 크게 성공했다. 어떤 사업을 해야 하나 머리를 굴려봤지만 도통 묘수가 떠오르지 않아 재테크 쪽으로 방향을 틀었다. 재테크에는 크게 주식 투자와 부동산 투자가 있었다. 나도 둘 중 하나는 시작해봐야겠다고 생각이 들었다. 내 경험이 말해 주듯 노동만으로는 결코 부자가 될 수 없었다. 주식 투자는 잠깐 해본 적이 있는데 손실은 안 났지만 수익률이 크지 않았기에 부동산 투자에 더 관심이 갔다.

내 집을 갖고 싶었다. 하지만 당시에는 집 사면 망한다고 공인중개사도 조금 더 기다렸다 사는 것을 권했다. 얼굴과 손에 난 상처 때문에 당장 취직할 수도 없어 이대로 병원 치료를 계속 받으면 가까스로 탄 보험금도 금방 바닥날 것 같았다.

의사 선생님도 내게 몸이 완전히 회복되는 건 힘들 거라고 말한 상황이었다. 만약 최악의 경우 장기간 재활치료를 받아야 할 수도 있는데, 돈 때문에 치료를 포기하고 싶지 않았다. 아파트의 월세를 받으면 '월세 받은 금액을 보태 치료를 할 수 있지 않을까'라는 생각이 들었다. 그때부터 부동산 투자자의 삶을 꿈꾸기 시작했다.

05

부자들은 이렇게 돈을 버는구나

어릴 때 부모님이 내 앞으로 든 보험이 하나 있었다. 덕분에 팔 기능 장애로 인한 보험금이 5,000만 원 정도 나왔다. 내 목숨값이라는 생각이 들었다. 장기적으로 치료비는 계속 들어갈 터라 함부로 날리고 싶지 않았다. 보험금을 지키려면 투자를 해서 배당이든 월세든 수익을 만들어내야 했다. 지속적인 현금흐름이 없으면 돈은 손에 쥔 모래처럼 빠져나가게 마련이다. 과거에 월 1,000만 원도 벌어봤기에 노동소득으로는 한계가 있음을 이미 알고 있었다.

5,000만 원은 내게 정말 소중한 돈이었다. 1원도 사라지면 안 됐다.

보험금에 해외에서 번 돈을 보태 아파트를 사야겠다 싶었다. 얼굴과 팔을 크게 다쳐 당분간 취직을 못하니 그동안 공부를 하기로 하고, 부동산 투자 관련 책을 읽기 시작했다.

20대 때 부자를 꿈꾸며 이런 책들은 꽤 읽었던 터라 내게는 몇 년 지난 부동산 책들이 많았다. 그런데 출간된 지 꽤 지난 것이 오히려 더 도움이 됐다. 저자들이 구입했다던 아파트의 당시 가격과 현재 가격을 비교할 수 있었기 때문이다. 비교해 보니 그동안 가격이 오른 지역도 있었지만 떨어진 곳이 더 많았다. 서울 아파트 가격이 상당히 하락해 "이제 부동산은 끝났다"는 말이 흔하게 들려오던 시기였다. 당시는 전문가들도 지금은 서울 아파트를 살 때가 아니라고 했다. 하지만 책에는 남들이 투자하지 말라고 할 때 사야 돈을 번다고 쓰여 있었다. 나로서는 혼란스럽기만 했다.

다시 꼼꼼하게 책을 읽었다. 저자가 오를 것으로 예측한 아파트가 정말로 올랐으면 내가 투자하기엔 늦었다고 생각했고, 하락했으면 이 사람이 틀렸으니 이 아파트에는 투자하면 안 된다는 생각이 들었다. 다들 기준이 달랐고 예측도 달랐다. 그래서 모든 책에 공통되는 내용을 찾아 그걸 따르기로 했다. 그중 하나가 초보자는 자신이 잘 아는 지역, 자신이 사는 지역에 투자해야 한다는 것이었다. 일리가 있어 보였다. 내가 사는 곳만큼 잘 아는 지역도 없다. 가까우니 관리하기도 쉬울 것이다.

동네 부동산중개소를 돌며 저렴한 물건을 찾아다니기 시작했다. 그러다 급매 물건을 발견했다. 59제곱미터 아파트로 시세는 2억 3,500만 원이었고, 호가는 2억 5,000만 원이었다. 사실 상당히 비싸게 느껴졌는데 어릴 적 내가 살았던 곳, 그러니까 부모님이 7,500만 원에 분양받았던 그 아파트였던 것이다.

당시 선호도가 높지 않은 강서구였지만 지하철역까지 도보 5분 거리, 초등학교도 5분 거리였다. 재래시장도 걸어서 10분이면 갈 수 있는 데다 주변에 대형 마트도 있었다. 강남과는 거리가 멀지만 김포공항 근처라 교통은 점점 좋아지고 있기에 집값이 더 이상 떨어질 것 같지 않았다. 설령 1,000만~2,000만 원 정도 떨어진다 해도 월세를 받아 모아두면 감당할 수 있고, 크게 손해 보지 않을 거라는 확신이 들었다.

급매로 나온 물건은 1층과 탑층, 두 개였는데 어느 쪽이 나올지 고민하다가 좀 더 기다려보기로 했다. 1층과 탑층은 피하고 싶었다. 몇 달 뒤 부동산중개소에서 연락이 왔다. 조망이 좋은 13층이라고 했다. 가서 보니 조망은 괜찮았지만 한 번도 수리를 하지 않아 상태가 좋지 않았다. 수리할 생각을 하고 계약하기로 했다.

집값만 생각했지 취득세를 계산하지 않아 집에 있던 귀금속, 펀드 등 돈이 될 만한 물건은 죄다 팔아서 겨우 계약했다. 얼마 후 잔금도 치렀다. 이제 집을 수리해야 하는데 도무지 엄두가 안 났다. 인테리어 업체에서 수리비 견적을 내 보니 2,500만~3,500만 원이 나왔던 것이다. 돈이 없어 등기도 직접 했는데 수리를 업체에 맡길 수 없었다.

셀프 인테리어밖에 답이 없었다. 인터넷도 찾아보고 을지로 방산 시장에 가 시공업체들을 찾아다니며 주의사항 등을 물으며 셀프 수리 방법을 배웠다. 그래도 혼자 하기는 어려워 친구들의 도움을 받아 수리를 시작했다.

오전에는 재활치료를 받고 오후에는 어머니 식당에서 서빙을 하다가 저녁이 되면 아파트로 가서 작업을 시작했다. 그렇게 도배를 하고, 장판을 깔고, 조명을 교체하고, 자잘한 수리를 하는 데 3~4개월이 걸렸다.

처음이라 많은 시행착오를 겪고 시간도 오래 걸렸지만, 드디어 수리를 마치고 세입자를 맞이할 수 있다는 생각에 마음이 설렜다. 그런데 생각보다 세입자를 구하기가 쉽지 않았다. 지금보다 월세 수요가 훨씬 적을 때였고, 사람들은 월세를 깎기 바빴다. 공실 상태가 5개월이나 지속됐지만 첫 집인 데다 직접 수리까지 해 애착이 생겨서인지 월세를 낮게 받고 싶지 않았다. 계속 공실이라고 해도 제대로 된 가격을 받고 싶었다. 마침내 세입자를 구했고, 밀린 관리비는 계약금으로 처리할 수 있었다.

이후로도 이 아파트는 약 8년간 나에게 월세를 가져다주는 효자 아파트가 됐고, 모든 내 빌라 투자의 밑거름이 돼줬다. 처음으로 월세를 받는 기쁨을 선물해줬으며, 빌라 투자를 해볼 수도 있겠다는 생각의 물꼬를 터주기도 했다. 그동안 부자들이 어떻게 돈을 버는지 늘 궁금했었는데, 직접 해보니 예상보다 별것 아니라는 생각이 들었다. 지금 돌이켜보면 이때의 경험과 생각들로 내 인생의 2막이 시작된 것 같다.

최근 이 아파트에서 월세를 받는 것을 잠시 그만두고 다시 셀프로 리모델링을 했다. 처음 미숙하게 진행했던 때가 떠오르기도 하고, 그때에

최근 진행한 해당 아파트의 셀프 인테리어

비해 훨씬 실력이 늘었다는 실감이 들어 뿌듯했다.

그토록 원하던 직업을 얻다

집을 알아보는 일부터 인테리어, 월세 세입자를 들이기까지 모든 과정을 해내자 내 안에 자신감이 생기기 시작했다. 어떤 어려운 일도 해낼 수 있을 것 같았다. 그래서였을까? 취직 고민을 하기 시작했다. 사실 예전부터 나는 환경미화원이 되고 싶었다. 환경미화 일을 하는 지인이 있어 관심을 갖게 됐는데, 가방끈이 짧은 나로서는 그만큼 좋은 직업이 없었다. 하지만 만 30세 이상이라는 조건이 있어 20대 때는 시험에 응시할 수가 없었다. 나이 외에는 학력이나 다른 자격이 필요하지 않았고 필기시험도 없었다. 1차 서류전형을 통과하면 2차로 실기시험을 본다. 내가 사는 마포구는 20킬로그램짜리 쌀 포대를 메고 40미터를 왕복하는 것이었다. 실기시험을 통과하고 마지막으로 면접시험에 합격하면 환경미화원이 될 수 있었다.

도전해볼 만한 시험이었고 게다가 준공무원, 정확히 말하면 공무관이었다. 연봉도 각종 수당을 포함하면 초임으로 4,500만~5,000만 원은 받을 수 있었다. 무조건 붙어야 했다. 환경미화원이 되지 못한다면 다시 예전처럼 해외에서 기회를 모색해보는 게 나았다. 그래서 먼저 환경미화원 시험에 도전해보고, 떨어지면 또 다른 나라로 떠날 생각을 했다.

다친 팔이 예전 같지 않았지만 쌀 포대를 메고 뛰는 것이 불가능하다는 생각은 하지 않았다. 이가 없으면 잇몸을 사용하면 되듯이 어깨가 아프면 온몸을 사용하면 될 터였다. 나는 시험 준비를 시작했다. 어머니 식당 일이 끝나면 쌀 포대를 메고 뒷산을 올라갔다 내려오기를 반복했다. 성치 않은 몸으로 매번 이를 악물고 훈련했다.

약 6개월간의 준비 기간, 오직 하나의 목표만을 위해 온몸을 단련했다. 그 결과 쟁쟁한 경쟁자들을 물리치고 환경미화원 합격증을 거머쥐었다. 온 세상을 다 얻은 기분이었다. 이제 더 이상 방황하지 말고 한국에서 잘 살아보기로 다짐했다.

06

나는 BMW를 모는 환경미화원이다

환경미화원은 남들 눈엔 하찮고 지저분한 직업일지 몰라도 나로서는 최고의 직업이었다. 남들의 이목이나 세상의 편견 같은 건 하나도 중요하지 않았다. 그런 것들이 내 인생을 좌우하도록 내버려두는 건 어리석은 짓이었다.

내게는 '차'가 즐겁고 유일한 사치였다. 일을 시작하고 한두 번 월급을 받았을 때쯤 내게 주는 선물로 그랜저를 샀다. 그랜저를 타고 일터에 갔더니 환경미화원이 무슨 그랜저냐며 당장 차를 팔라고 동료들이 말했다. 그러나 부정한 짓이 아닌 내 노력으로 산 것이기 때문에 당당하게 타고 다녔다. 유지하기 힘들었다면 내가 먼저 팔았을 것이다. 환경미화원이기 때문에 그랜저를 타면 안 된다는 논리를 나는 이해할 수 없었다.

나중에 경매 투자로 돈을 좀 벌어 BMW로 차를 업그레이드했을 때도 어린놈이 구청장보다 좋은 차를 탄다는 소리를 들었지만 꿋꿋하게 몰고 다녔다. 한 달에 한 번, 많아야 두 번 쉬며 일하고, 근무 시간 외에는 부동산 투자를 하면서 자산이 몇 배로 늘어난 데다 내 직업에 자긍심이 있었기 때문이다.

환경미화원이 없는 도시는 상상할 수가 없다. 하루라도 청소를 안 하면 거리는 쓰레기로 뒤덮이고 만다. 나는 이 도시가 깨끗하게 유지될 수 있도록, 그래서 많은 사람이 즐겁게 살 수 있도록 돕는 사람이다. 내 직업은 고귀한 일이라고 생각했다.

물론 거리 청소가 편한 일은 아니다. 한여름의 땡볕, 한겨울의 칼바람도 힘들지만 가을의 낙엽은 치워도 치워도 끝이 없다. 갓길을 쓸다가 사고가 날 뻔한 적도 많았다. 50분 일하고 10분 쉴 수 있지만, 민원이 들어올 수 있기 때문에 숨어서 쉬어야 한다. 하인 대하는 듯 구는 취객을 만날 때도 있고, 청소하는 내 앞으로 쓰레기를 던지고 가는 사람들도 있다.

물론 기분은 좋지 않지만 단련이 돼서 그러려니 한다. 처음에도 신경쓰지 않으려 애썼다. 그런 일로 스트레스를 받으면 내가 성장하지 못하고 불행해지기 때문이다. 편한 일도 아니고 존경받는 직업도 아니라는 건 이미 알고 있었고, 그럼에도 간절히 원해 선택한 일이었다. 단점보다는 안정적인 근무 환경, 다양한 혜택, 높은 연봉, 개인 시간 확보 같은 장점에 만족했다. 짜증 내고 화를 내는 데는 생각보다 많은 에너지가 들어간다. 나의 성장과 행복을 위해서는 빨리 잊고 다른 생산적인 일에 시간과 에너지를 쓰는 것이 맞다. 긍정적으로 생각하면 스트레스를 훨씬 덜 받게 된다.

또한 이 일을 하면서 얻게 된 뜻밖의 소득도 있다. 업무를 마친 뒤 꾸준히 투자를 공부하고 실행한 결과, 노력과 운이 맞아떨어져서 자산이 많이 늘어났다. 그러던 중 '환경미화원'이라는 본업을 성실하게 하면서 투자까지 성공했다는 점이 흥미로웠는지 우연한 계기로 유튜브에 출연하게 됐다. 별 기대 없이 출연한 유튜브였지만 뚝심 있게 열심히 살아가던 나의 모습에 많은 사람이 관심을 가져줬다.

그 유튜브 영상에 무려 100만 회 이상의 조회수가 나왔다. 하루아침에 나는 전국구로 유명해진 것이다. 'BMW를 탄 환경미화원'이라는 키워드로 기사들이 쏟아져나왔다. 너무 갑자기 일어난 일이라 굉장히 당황스러웠지만 침착하려고 했다.

누군가는 나에 대해 불편할 수도 있지만 또 누군가는 내 인생을 보며 살아갈 힘을 얻을 수 있다. 나의 진심을 몰라주는 악플도 많았지만 용기를 얻었다는 선플도 많았다. 악플은 나를 잘 모르는 사람이 한 말이라 여기고 대수롭지 않게 넘기면 그만이다. 여태까지 내가 겪은 일에 비하면 이 모든 것은 별일이 아니었다. 나는 이를 디딤돌 삼아 앞으로 나아가면 될 뿐이었다.

세상에 쉬운 일은 없다

누구나 알지만 모두가 망각하는 사실이 하나 있다. 세상에 쉬운 일은 없다. 어딜 가든 고충이 있고, 어느 조직이든 삶이든 불합리한 구석이 있다. 내가 맞서서 바꿀 용기가 없다면 불평과 불만이 무슨 소용일까. 아무것도 하지 않으면서 불평만 하고 있다면 뜻대로 안 된다고 칭얼대는 어린애와 뭐가 다를까.

어린아이와 달리 우리는 선택할 수 있고 책임질 수 있다. 내가 처한 환경을 개선하거나 순응하기로 선택할 수 있고, 계속 발전해나갈지 현재에 만족할지 선택할 수 있다. 부자가 될지 빈자로 남을지 선택할 수 있고, 위험 부담을 안고 투자를 할지 안전하게 저축을 할지 선택할 수 있다.

나는 환경미화원이라는 일을 선택했고, 일을 하면서 투자를 하기로 선택했고, 부자가 되기로 선택했으며 악플은 보지 않기로 선택했다. 그렇게 환한 빛이 있는 세상을 향해 한 발 한 발 나아가는 것을 선택했다.

07

내 인생의 구원,
경매 투자를 만나다

내가 일터에서 선택한 태도는 자발적 왕따였다. 대부분의 사람들은 따돌림당하는 것을 두려워한다. 그래서 가기 싫은 술자리에 참석하며 스트레스를 받고, 부조리한 일을 겪어도 옳다고 생각하는 말을 하지 못한다. 생존 때문에 권력에 복종하기도 한다. 상사의 눈 밖에 나지 않기 위해, 쫓겨나지 않기 위해 종종 비굴해진다.

내가 왕따가 되기로 선택한 이유는 싫은 자리에 나가지 않아도 되고, 하고 싶은 말은 당당하게 하고 싶어서였다. 원치 않는 인간관계에 들이는 시간과 노력을 아끼고 싶었고, 스트레스를 덜 받고 싶었다. 근무 시간이 끝나면 남은 에너지를 온전히 나 자신에게 쏟고 싶었다.

내 일에 긍지가 있었지만 직장에 충성해야 한다는 생각은 하지 않았다. 직장은 필요한 사람을 고용해 일을 시키고 대가를 지불하는 곳이지 내 인생 전부를 책임지는 곳이 아니다. 내가 필요 없어지면 다른 사람을 고용하면 그만이다.

어느 날이었다. 건물 앞을 열심히 청소하고 있는데 나이 지긋한 경비원이 안으로 들어오라고 손짓했다. 무슨 일인가 해서 가보니 고생한다며 커피 한 잔을 내주셨다. 추운 날이어서 그런지 커피가 더 따뜻하게 느껴졌다. 언 몸이 녹으면서 자연스럽게 이야기가 시작됐다.

그분은 명문대를 나와 은행에 입사해 지점장으로 정년퇴직을 맞았다고 했다. 하지만 오라는 데가 없어 경비원으로 일하게 됐고, 집을 소유하고 있지만 다른 소득이 없으니 사는 게 팍팍하다며 쓴웃음을 지었다. 나는 충격을 받았다.

고학력에 은행 지점장 경력까지 있는 분이 하는 경비 일을 내가 할 수 있을까? 노인 인구는 점점 증가하고 수명도 길어진다는데, 내가 정년퇴직을 했을 때 과연 나를 위한 경비원 자리가 남아 있을까? 그렇지 않을 것이다.

그때 허리가 굽은 할머니가 수레를 밀며 힘겹게 내 앞을 지나갔다. 폐지를 줍고 다니시는 할머니였다. 순간 머릿속에 내 미래가 그려졌다. 노동소득이 끊긴 이후의 긴 노년을 나는 어떻게 살아가고 있을까. 이대로 주어진 일만 묵묵히 하며 살아가도 되는 것일까.

경매를 공부할 결심, 그리고 실천

환경미화원 정년이 만 60세, 그 나이까지 평생을 일하고도 또 일해야 먹고살 수 있다면 인생이 너무 서글플 것 같았다. 아파트 대출 원리금을 갚아나가고 자녀들 교육시키며 바쁘게 일하다가, 퇴직해서 경비원으로 일하거나 그보다 힘든 노동을 하며 사는 것이 맞는가. 오로지 직장에 충성하며 아무 준비 없이 살다가 퇴직하면 그 이후의 삶은 누가 책임지는가.

6,000만 원 이상의 연봉을 받고 있었지만 내 삶은 이전과 크게 달라지지 않았다. 어머니께 다달이 100만 원을 드리고 점심에 몇천 원 더 비싸도 먹고 싶은 걸 먹을 수 있게 됐다는 것 말고는 여전히 900원짜리 커피를 마셨고 옷도 만 원짜리 이상은 사지 않았다.

소득만 보면 상위 20퍼센트라는데 내가 느끼는 삶은 하위 20퍼센트였다. 그래도 좋았다. 정년이 보장된 직장에 다니고 있었고 호봉에 따라 월급은 계속 오를 테니까. 아파트도 한 채 있고 주식으로도 돈을 벌고 있으니 아쉬울 게 무언가. 하지만 노후를 생각하자 우울해졌다. 언제까지 월급의 노예로 살 것인가.

이런저런 생각은 많아지는데 집값은 무섭게 오르고 있었다. 부동산 경매를 시작하겠다고 마음먹은 게 언제인데 아직도 머뭇거리고 있었다. 다른 투자자처럼 아파트를 여러 채 보유하고 싶었지만 여윳돈이 많이 없었고, 갭 투자를 하다가 기존의 전세가가 하락해 역전세가 될까 봐도 무서웠다.

내가 가진 돈으로 할 수 있는 부동산 투자처를 알아보니 빌라밖에 없었다. 그래서 20대 때 읽었던 경매 투자 관련 책들을 다시 읽었다. 책 몇 권 읽고 투자에 나설 수는 없어 경매 수업에도 나가기 시작했다.

당시 나는 새벽에 출근했기 때문에 수업에 가려면 밤을 새워야 할 때도 있었고, 시간이 안 맞아 원하는 수업을 못 듣는 경우도 있었다. 결국 시간이 맞거나 수강비가 저렴한 수업만 나가다 보니 별 도움이 안 됐다. 계속 수업만 듣다가는 이도 저도 안 될 것 같았다. 그래서 경매에 관한 깊은 지식이 쌓인 상태는 아니었지만 바로 투자를 시작하기로 결심했다. 투자에 실패하더라도 일어날 수 있을 정도의 금액을 투여한다면 큰 부담은 없으리라고 생각했다.

그러던 어느 날이었다. 퇴근해서 주차를 하고 집으로 들어가던 중 도로가 꺼지는 사고로 발목을 다쳤다. 통증이 심했지만 다음 날 출근을 했다. 환경미화 일은 대체 인력이 없다. 누군가가 빠지면 다른 사람이 대신 그 일을 해야 한다. 내가 결근하면 동료들이 피해를 보니 일을 나갔고, 며칠만 지나면 나을 줄 알았는데 통증이 점점 심해졌다.

물리치료를 받으려고 병원에 갔더니 수술을 해야 한다고 했다. 인대가 끊어졌다는 것이다. 난감했다. 수술을 하더라도 그나마 쓰레기가 적은 계절에 해야 동료들이 덜 힘들 것이다. 의사 선생님께 상황을 설명하고 치료를 받으면서 최대한 수술을 미루고 싶다고 말했다.

한편 직장에는 미안했지만 기회라는 생각도 들었다. 자발적 왕따의

정신으로, 이왕 받는 수술이니 재활치료도 하면서 내 시간을 만들어 본격적으로 투자할 만한 물건들을 샅샅이 검색하기 시작했다. 직접 현장 조사를 할 수 없으니 각 물건의 권리분석은 물론 시세 조사까지 앉아서 할 수 있는 모든 것을 했다. 그런 다음 수술 날짜를 조율해서 드디어 수술을 받았다. 수술 후에는 재활치료를 하며 입찰을 하러 경매 법원을 오갔다. 내 첫 경매 투자의 시작이었다.

실전파이터는 이렇게 했다!

인생을 바꾸려면 읽어야 할 책 5

이제부터 자본가의 길을 가기로 마음먹었다면 단순한 지식 습득보다 마음을 다잡는 게 중요합니다. 경매는 하나의 수단일 뿐, 부를 이루는 방법은 다양하게 있다는 걸 잊지 말아야 해요. 저는 매일 다양한 책들을 반복해서 읽었고 그대로 따라 하려고 노력했습니다. 그러다 보니 부의 감각을 조금씩 익힐 수 있었어요.

《시련은 있어도 실패는 없다》, 정주영, 제삼기획

어린 시절부터 삶의 지침으로 삼아온 현대그룹 정주영 회장의 자서전. 제 생애 최초로 부자가 되고 싶다는 생각을 하게 한 책입니다. 20여 년이 지난 지금까지 제 삶에 큰 영향을 주고 있죠.

《부자 아빠 가난한 아빠》, 로버트 기요사키, 민음인

부자학 교과서. 자본주의의 원리에 대해서 이토록 쉽고 재미있게 설명한 책은 단연코 없습니다. 가장 먼저 읽어야 할 책이죠.

《돈의 속성》, 김승호, 스노우폭스북스

돈에 대한 관점을 바꿔 주는 책. 부의 단계에 따라 어떤 마음가짐이 필요한지 알게 됐습니다. 재독, 2회독, 3회독 하시길 권합니다.

《송사무장의 부동산 경매의 기술》, 송희창, 지혜로

원론적이고 기초적인 부동산 경매 책. 다양한 사례로 경매의 세계를 간접적으로 체험할 수 있게 합니다.

《욕망의 진화》, 데이비드 버스, 사이언스북스

인간의 욕망을 치밀하게 파헤치는 책. 부동산, 주식 등 모든 재테크는 인간의 욕망과 연관돼 있습니다. 욕망을 다룰 줄 아는 사람이 결국 투자라는 게임에서 승리합니다.

제2장

경매 투자, 당신도 할 수 있다

01

왜 지금 경매 투자를 해야 하는가

저녁 근무 중에 보이스톡이 걸려왔다. 전화도 아니고 누가 보이스톡을 했나 봤더니 입사 동기였다. 평소 그리 친하지도 않았고 내 험담을 하고 다닌다고 들었기에 말도 잘 안 하는 사이였다. 당황스러웠다.

"무슨 일이시죠?"

"저기, 다름이 아니라 내가 북가좌동에 신축 빌라를 사려고 하는데 괜찮은 물건인지 좀 봐 줘."

일단 감정은 뒤로 밀어두고 해당 물건에 대해 들어보니 아무리 신축이라지만 비싸다는 생각이 들었다. 향후 전망을 봐도 북가좌동보다는 마포가 나왔고 직장도 가까우니 같은 돈이면 마포에 있는 빌라를 사기를 권했다. 하지만 마포 빌라들은 이미 가격이 많이 올라 구입할 수가 없다고 했다.

모른 척해도 상관없었지만, 얼마나 다급했으면 자존심 버리고 전화번호도 모르는 나에게 물어봤을까 생각하니 도와주고 싶었다.

먼저 네이버 부동산과 부동산 직거래 커뮤니티 '피터팬의 좋은 방 구하기'를 검색해 봤다. 역시 가격이 저렴하면서 괜찮은 물건은 보이지 않았다. 그래서 경매 사이트를 검색해 보니 다행히 마포구에 빌라 몇 개가 나와 있었고, 그중 두 개 물건이 괜찮아 보여 그에게 추천했다. 하나는 망원역 근처 전용 25평 빌라로 최저가가 시세에 비해 1억 원쯤 낮아 경쟁이 치열할 것 같았다. 내가 추천해줘 그가 입찰을 했지만 역시나 인기가 많아 패찰했다. 남은 하나는 가격도 저렴하고 연식에 비해 관리가 잘돼 있어 마음에 든 물건이었다.

나는 본인이 감당할 수 있고 낙찰해도 후회하지 않을 만한 가격을 정해 입찰해 보라고 조언했고, 근소한 차이로 1등을 해 낙찰이 됐다. 입찰가도 잘 정했고 시세보다 저렴하게 빌라를 구입할 수 있어서 다행이었다. 게다가 명도도 쉬웠다. 내부 상태도 양호해서 기본적인 수리만 하면 바로 들어가서 살 수 있었다. 그는 내게 고맙다고 했다. 그 후로는 내 험담을 하고 다닌다는 이야기도 듣지 못했다.

무주택자들은 대부분 지금 집값이 너무 비싸다고, 떨어지면 사겠다고 말한다. 그런데 가격이 떨어지면 정말 집을 살 수 있을까. 전세 보증금을 빼서 쉽게 집을 살 거라 생각하지만 집값이 하락하는 시기에는 전세가도 하락한다. 또 내가 집을 사려는 시점에 전세계약 기간이 남아 있다면 새로운 세입자를 구하고 나가야 한다. 세입자가 잘 구해지는 시장이라 해도, 집값이 하락하고 있으니 더 하락한다고 생각해 관망하게 된다. 주식도 하락하면 겁이 나서 투자하지 못하는데 더 큰 금액이 필요한 집을 살 수 있을까. 공부가 제대로 안 돼 있다면 그럴 확률은 극히 낮다.

부의 원리를 깨닫다

무주택자가 1주택을 소유하려면 많은 과정을 거쳐야 한다. 대개는 안락한 실거주와 큰 시세차익이라는 두 마리 토끼를 모두 잡고 싶어 한다. 투자에 있어 둘 다 얻을 수 있으면 좋겠지만 내가 사고 싶은 집은 언제나 비싸다. 그렇기에 자신이 원하는 게 무엇인지를 확실히 정하는 게 중요하다. 당장 돈 버는 것에 집중한다면 '수익', 오랫동안 살기 좋은 집을 갖고 싶다면 '실거주' 등, 어떤 목표인지에 따라 투자 방향은 달라질 것이다.

나는 동료의 빌라 낙찰을 응원하고 축하했다. 내 집에 사는 안정감과 행복은 인생을 더 열심히 살아가게 한다. 첫 집 마련으로 부동산에 눈을 떴으니 투자를 하고 싶다면 충분히 공부해서 하면 된다. 사실 경매에 대해 전혀 공부하지 않은 동료에게 내가 조언해줄 수 있는 부분은 한계가 있었다. 아무리 좋은 물건을 낙찰받아도 본인이 감당하지 못하면 애물단지일 뿐이다. 그가 경매를 공부하고 적극적으로 투자한다면 앞으로는 달마다 월급 이상의 수입을 만들어낼 수 있을 것이다.

처음 부동산 투자를 하기로 마음먹었을 때, 나는 실거주 한 채로 만족하기보다 당장 돈이 흐르는 시스템을 만들고 싶었다. 흙수저일수록, 희망 없는 청년일수록, 한 달 벌어 한 달 사는 3040일수록, 가진 것이 집 한 채밖에 없는 장년층일수록 월세를 통해 현금흐름을 만들어내야 한다. 이는 아파트보다 소액으로 투자할 수 있는 빌라가 적합하며, 경매를 이용하면 더 저렴하게 시작할 수 있다.

물론 빌라 투자는 장단점이 분명하다. 장점은 소액으로 집을 소유할 수 있다는 것이다. 수도권 빌라의 경우 저평가된 물건들이 많다. 건물 상태가 좋지 않으면 땅값이나 공시가격보다 저렴하게 구입할 수도 있다. 일반 매물은 아무리 급매여도 공시가격보다 저렴한 물건을 찾기 어렵지만 경매에서는 가능하다.

두 번째, 집값이 저렴하니 월세 수익률이 아파트보다 훨씬 높다. 아파트를 매매하려면 몇억을 투자해야 해 돈이 많이 든다. 이를 월세로 전환해 임대소득을 노린다고 해도 투자금에 비해 수익률이 정말 미미하다. 상승장일 때는 괜찮지만 하락장일 때는 매매 차익조차 보장할 수 없어 역전세로 난감해질 수 있다.

세 번째, 매매가가 저렴한 빌라는 임대사업자 등록으로 여러 혜택을 받을 수 있다. 임대사업자는 종합부동산세와 재산세가 더 적고 종합부동산세 합산 배제가 된다. 세금 부담이 크지 않으니 계속 보유할 수 있고 오래 보유할수록 세금은 더 낮아진다. 그렇게 재건축이나 재개발이 될 때까지 월세를 받으며 기다리면 된다.

물론 단점도 많다. 그래서 대부분 빌라 투자를 기피하는데, 생각을 바꾸면 이 점이 기회가 될 수 있다.

- 환금성이 떨어진다.
  → 경쟁이 덜하다.
- 노후한 빌라는 수리비가 많이 든다.
  → 수리비를 상쇄할 정도로 더 싸게 살 수 있다.
- 시세차익이 미미하다.
  → 반지하 물건이 재개발될 경우 빌라 중 가장 많은 시세차익을 볼 수 있다.
- 큰돈이 안 된다.
  → 한 채당 이자를 제외하고 월 20만~30만 원의 수입이 생기면 계획적으로 적립식 투자를 할 수 있다.
- 소액으로 하는 빌라 투자로는 빠르게 부자가 될 수 없다.
  → 느리지만 월세를 받으면서 안정적으로 경제적 자유를 달성할 수 있다.

서른 살까지의 내 삶을 되돌아보면 생계를 위해 항상 돈을 우선시하며 살았다. 맹장이 터져도 출근했고, 장에 가스가 차서 39도가 넘게 열이 나도 일을 계속했다. 그러면서도 그게 맞다고 생각했다. 그런데 돈만 생각하며 온갖 열정을 불태워봤지만 내 삶은 달라진 게 없었다.

과거를 돌아보며 내가 살아온 방식이 틀렸다는 것을 인정하고 마인드를 바꾸기 시작했다. 나도 처음에는 월세로 받는 몇십만 원이 성에 차지 않았다. 부를 향해 가는 길이 생각보다 더디게 느껴졌다. 하지만 소유한 빌라가 하나둘 늘어나고 월세가 쌓이다 보니 이 길이 경제적 자유를 얻는 가장 빠른 방법임을 알게 되었다.

매월 자본소득으로 1,000만 원을 벌기까지는 3년 남짓의 시간이 걸렸지만, 시스템의 모든 토대는 딱 1년을 집중해서 만들어냈다. 조급했던 당시의 마음과 달리, 생각해 보니 그리 오랜 시간이 걸리지 않았다는 것을 깨달았다.

월급은 우리의 생활을 지탱해주지만 대부분은 월급만으로 부자가 되기 어렵다. 인플레이션 시기에는 더더욱 그렇다. 물가는 상승하고 대출금리도 오르지만, 내 월급은 약간 인상되거나 회사 사정이 좋지 않으면 동결된다.

인생을 즐기면 삶의 질은 잠깐 높아질 수 있다. 그러나 소비하는 삶을 오래도록 이어간다면 돈으로 인한 불행이 빨리 찾아올 수밖에 없다. 월급 이외의 소득은 중요하다. 언젠가는 이전처럼 일하지 못하는 순간이 반드시 찾아오기 때문이다. 돈이 들어오는 파이프라인을 여럿 만들어둬야 하는 이유다.

일단 월세가 나오는 시스템을 만들어놓았다면, 부자의 길에 첫발을 내디딘 것이다. 나와 함께 부자의 길로 함께 걸어나가자. 먼저 나의 첫 빌라 투자 이야기부터 들어보시라.

02

첫 경매에서 인생을 배우다

인천 계양구 1층 빌라

경매 수업을 몇 개 듣고 나자 어서 빨리 실전에 나서야겠다는 생각이 들었다. 모든 준비가 완벽하게 끝났기 때문이 아니었다. 나는 아직 경매에 대해 완전히 알지 못했다. 경매에 나온 물건들을 보며 머릿속으로 아무리 시뮬레이션을 해봐도 답이 안 나왔고, 나만의 기준을 잡기도 쉽지 않았다. 그런데 계속 공부만 하다가는 투자 한 번 못해 보고 끝나겠다 싶었다.

모든 것을 완벽하게 배운 후 투자할 수 있을까. 대체 '완벽'이 어디 있을까. 그것보다는 최소한 손해는 안 볼 정도로 공부하되 실전을 통해 배우고 부족한 부분을 채워나가는 것이 좋다고 생각한다. 백 권의 책보다 한 번의 제대로 된 투자가 나은 것이다.

그렇게 내 생애 첫 경매 투자를 했다. 모아놓은 돈이 없어 우선 1억 원의 신용대출을 받아 종잣돈을 마련했다. 여러 채에 투자해 경험을 쌓고 싶었고, 돈을 잃을 수도 있기에 1억 원을 한 번에 쓰고 싶진 않았다. 내 분수에 맞는 물건을 찾다 보니 초보 경매 투자자들의 성지라는 인천이 눈에 들어왔다. 인천에서도 서울 접근이 쉬운 계양구가 좋아 보였다. 당시만 해도 계양구는 신축이 별로 없고 낙후된 편이라 빌라 시세가 저렴했다. 여기다 싶었다. 아래와 같은 큰 기준을 잡고 찾아봤다.

- 큰 수익은 없어도 월세 놓을 수 있는 집
- 가격은 저렴하지만 나중에 발전할 수 있는 지역

경매 정보 사이트를 검색해 보니 앞에서 보면 반지하인데 뒤에서 보면 1층인 빌라가 나왔다. 감정가는 5,500만 원이고 1회 유찰되어 3,800만 원에 입찰할 수 있는 물건이었다. 사진으로는 집 상태도 괜찮아 보였다. 임장을 해보기로 하고 차에 시동을 걸었다. 강서에서 20분 만에 도착한 그 빌라는 사진보다 깨끗했고, 근처 세탁소 사장님 말로는 75세의 할아버지가 혼자 사신다고 했다.

"그 집 할아버지가 노모 돌아가신 뒤로 집에서 나오질 않아요. 대화가 안 통하는 양반이라 나도 별로 좋아하진 않지만 몇 년째 얼굴 보기 힘드니 궁금은 하네. 어떻게 지내시는지, 원."

나에게는 집에 하자가 있는지, 수리할 곳은 얼마나 되는지가 중요했지 그의 구체적인 사정은 중요하지 않았다. 사전 조사를 마친 뒤 깨끗한 외관에 안심하며 입찰을 결심했다.

드디어 경매일, 입찰 서류를 써내고 가슴을 졸이며 결과를 기다렸다. 설령 패찰해도 나는 상심하지 않을 작정이었다. 밥도 투자도, 첫술에 배부르랴. 입찰 경험만으로도 큰 소득이라 생각하기로 했다. 세상은 넓고 물건은 많으니 기회는 또 찾으면 된다.

결과는 낙찰이었다. 기분이 묘했다. 나 혼자 입찰한 단독 낙찰이었기 때문이다. 기쁨은커녕 두려움이 몰려왔다.

'왜 아무도 입찰을 안 한 거지? 내가 잘못 선택했나. 너무 성급하게 경매에 뛰어든 걸까.'

하지만 마음을 다잡았다. 실패한다 해도 배우는 게 있을 테니 낙찰받은 것을 포기하지 않기로 했다. 낙찰 영수증을 받아 들고 바로 계양구 빌라로 향했다. 문에 메모지를 붙여놓고 돌아와 연락을 기다렸다.

강렬했던 첫 명도

하루가 가고 사흘이 가고 일주일이 지났지만 할아버지에게선 전화가 오지 않았다. 초조해진 나는 다시 찾아가 문을 두드렸다. 인기척이 없어

첫 낙찰받은 빌라의 침실과 화장실 상태

다시 메모지를 붙여놓고 되돌아와야 했다. 여전히 감감무소식. 이번에는 저녁에 찾아가 봤다. 불이 켜진 것을 보니 안에 계시는 게 분명했다. 심호흡을 하고 문을 두드렸다. 얼마나 기다렸을까, 조심스럽게 문이 열리더니 왜소한 노인이 나타났다. 그 순간, 나는 내 눈을 의심했다.

집 안은 말 그대로 쓰레기장이었다. 바퀴벌레들이 내 발 앞을 빠르게 지나갔고, 나는 차마 안으로 들어갈 수가 없었다. 벌레가 내 발을 타고 올라올 것만 같아 벌써부터 몸이 근지러웠다. 문을 연 채로 대화를 나눌 수밖에 없었다. 할아버지는 자신의 사정을 들려주었다.

"내가 노모를 모시고 살았는데 사업이 잘 안 됐어. 결국 망해서 집 팔아 빚잔치하고, 남은 돈으로 이 집을 사서 들어왔지. 어머니도 돌아가시고 내 몸 하나만 건사하면 되는데 나이가 많으니 취직이 어디 쉽나. 일용직을 전전하다 보니 이젠 몸이 아파서 아무 일도 못해. 이 집 담보 잡혀 받은 대출도 못 갚았지. 기초생활수급자라 그나마 목숨은 부지하고 있네."

경매 공부를 하면서 빌라 투자는 생활이 어려운 분이 많이 거주하고 있어 명도가 힘들 수 있으니 조심하라고 배웠다. 알고 있었지만 막상 내 일이 되니 암담했다. 나름 머리를 굴려 수익률을 계산하고 입지를 분석해 선택한 집인데, 수익은커녕 손실과 고민을 낙찰받은 기분이었다. 무엇이든 해결할 수 있다고 자만했던 것이 패착이었다.

근거 없는 자신감으로 저지른 성급한 투자. 나는 스스로를 비난하고 있었다. 하지만 그런다고 뭐가 달라질까. 해결책을 찾아야 했다. 물론 강제집행이라는 최후의 수단이 있었다. 강제집행 비용이 발생하니 수익률은 떨어지겠지만 그래도 수익은 난다. 하지만 할아버지는 길거리에 나앉게 된다. 그렇다고 매달 8만 원의 대출이자를 내며 손실을 보고 싶지도 않았다. 나는 두 가지 사이에서 고민했다.

- 강제집행해서 수익을 내는 것
- 아무것도 하지 않고 대출이자만 내며 손실을 보는 것

나는 모두 선택하고 싶지 않았다. 고민 끝에 해당 주민센터 복지과를 찾아가 혹시 할아버지가 도움받을 수 있는 부분이 있는지 문의했다. 돌아온 답변은 이미 정부 지원을 받고 있기 때문에 더 이상 지원을 해줄 수 없다는 것이었다. 실망스러웠다. 그래도 방법을 찾고 싶어 인터넷

을 검색하다가 눈이 번쩍 뜨이는 내용을 발견했다. 바로 주거급여였다. 기초생활수급자는 월세를 일정 부분 지원받을 수 있는데, 인천은 20만 5,000원을 지급한다는 것이다.

희망이 보였다. 주거급여를 받으면 할아버지는 고시원에 들어갈 수 있다. 좁지만 쓰레기로 뒤덮인 집보다는 훨씬 나을 것 같았다. 냄비에 담겨 있던 불어터진 라면이 떠올라 치킨 한 마리를 사 들고 다시 할아버지를 만나러 갔다. 주거급여에 대해 말씀드리고 고시원이라도 알아봐 드리겠다고 하자 시간을 달라고 하셨다. 또다시 기다림과 고민과 자책의 시간을 보냈다.

'내가 왜 이 집을 낙찰받았을까? 앞으로 어떻게 해야 할까?'

연락이 없어 다시 할아버지를 찾아가 이런저런 얘기를 나누다 함께 고시원을 알아보러 나섰다. 하지만 세 군데 모두 같은 말을 했다. 노인이라 보호자가 없으면 안 된다는 거였다. 나는 마음을 비우기로 했다. 이 빌라에 월세로 20만 5,000원을 받고 계속 거주하시도록 하기로 한 것이다.

시세 조사를 통해 보수적으로 계산했을 때 보증금 500만 원에 월 30만 원, 즉 수익률 20퍼센트 이상을 예상했었다. 할아버지가 계속 거주하시면 수익률은 조금 낮아지지만, 대출이자를 제외해도 한 달에 10만 원 정도는 남는다. 게다가 채무자가 임차인으로 바뀌면 '무주택'으로 변경되어 할아버지는 기초생활수급비를 약 20만 원 더 받을 수 있게 된다. 내 결정을 실행하지 않을 이유가 없었다.

4년이 지난 지금, 할아버지는 치매로 요양원에 계신다. 언제인가 요양보호사에게서 전화가 걸려오기도 했다.

"할아버지가 말씀을 전해달라고 해서 전화드렸습니다."

"아, 할아버지는 잘 지내시나요?"

"네, 편안하게 잘 계세요."

"그런데 전하실 말씀이라면…."

"그동안 고마웠다고 전해달라고 하셨어요."

전화를 끊고도 한동안 가슴이 뭉클했다. 나는 할아버지가 남은 인생 행복하시기를 마음 깊이 빌었다. 나 자신에게도 잘했다고 나지막이 말해주었다.

실전파이터의 경매 노트 인천 계양구 1층 빌라

낙찰가	3,850만 원
대출금	3,080만 원
대출금리	2.3퍼센트
임대 보증금	50만 원
월세	20만 5,000원
기타 비용	약 120만 원
실투자금	약 840만 원
연 수익금	약 175만 원
연 수익률	약 20퍼센트

※ 할아버지가 요양원으로 거처를 옮기셔서 수리 후 새로운 세입자를 들였다. 현재 이 물건은 보증금 500만 원에 월세 40만 원을 받고 있다.

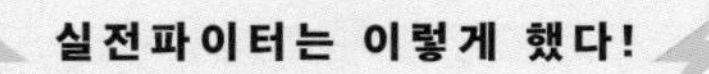

경매 사이트 고르는 법

'대한민국법원 법원경매정보' 사이트에서 무료로 경매 물건을 볼 수 있지만, 초보자라면 돈이 좀 들더라도 유료 정보 사이트를 이용하는 것이 좋습니다. 스피드옥션(www.speedauction.co.kr), 옥션원(www.auction1.co.kr) 등 권리분석부터 수익률 계산까지 전문가가 전부 해주는 사이트들이 많습니다. 비용이 들어가지만 잘 사용하기만 한다면 시간과 노력이 단축돼 경제적입니다.

저는 초보 시절 물건 하나하나 분석하는 시간과 노력이 아까워 유료 경매 정보 사이트 스피드옥션을 적극 활용했습니다. 물론 실제 투자를 진행할 때는 몇 번에 걸쳐 팩

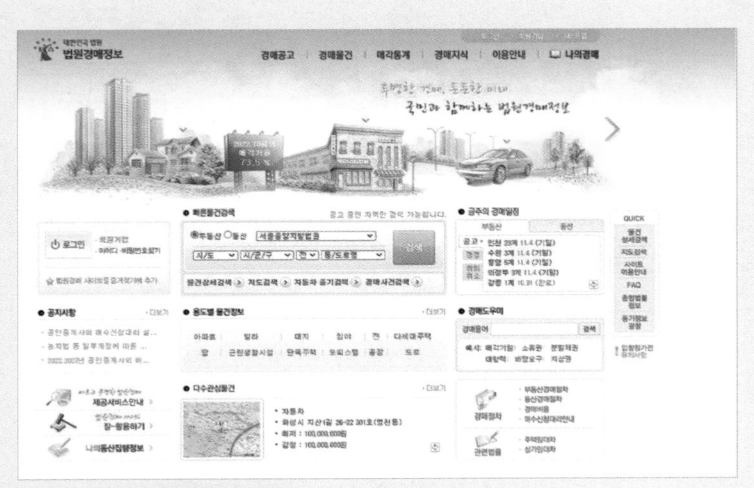

대한민국법원 법원경매정보 사이트

트체크를 진행했지만 물건 검색과 간단 권리분석에는 많은 도움을 받았습니다. 요즘 블로그나 카페를 가입하면 유료 경매 정보 사이트의 1~2개월 무료 이용권 쿠폰을 받을 수 있습니다. 이를 이용해서 책에 나온 대로 따라해보세요. 만약 비용이 부담스럽다면 네이버 경매(land.naver.com/auction)에서 한 달에 물건 세 건을 무료로 볼 수 있는 서비스를 이용하는 것도 좋습니다.

유료 경매 정보 사이트 '스피드옥션'

03

월세와 시세차익, 두 마리 토끼를 잡다

시흥시 정왕동 3층 빌라

첫 번째 물건을 낙찰받고, 그 집의 명도는 진행 중이었다. 그러나 나는 물건 알아보는 것을 멈추지 않았다. 내 최종 목표는 현금흐름 월 100만 원 달성이었기 때문이다. 서울은 너무 비싸 세금 부담이 덜한 경기도권 위주로 알아보았지만 이마저도 쉽지 않았다.

경매에서는 마음에 드는 물건이 있더라도 패찰하는 경우가 많아서 입찰에 초연해져야 한다. 계속해서 물건을 검색했고 그중에서 눈에 들어오는 물건 세 개가 있었다. 그 물건들은 전부 특별한 권리분석이 필요하지 않았고 수익률도 보장되는 듯했다. 혹시 잘못되더라도 딱히 손실

위험이 없을 것 같아 하루에 세 번의 입찰을 도전해보기로 했다.

지금 생각해 보면 무모한 시도를 했구나 싶지만 소액으로 하는 경매 투자는 무엇보다 실천력, 즉 한번 해보는 힘이 중요하다.

1. 물건 검색
2. 입찰
3. 낙찰
4. 수리
5. 월세 세입자 구하기

크게 위의 다섯 단계만 서너 번 반복해보면 수익이 어디서 생기는지, 어떤 부분은 아껴야 하는지, 어떤 부분은 돈을 써야 하는지 누구나 알 수 있다. 권리분석 하는 법, 좋은 물건 알아보는 법, 수익률 구하는 법 등 구체적인 방법은 제3장에서 설명하도록 하겠다. 이번 장에서는 나의 경험담에 귀 기울여주길 바란다.

투자는 경험과 정비례한다

세 건의 빌라 모두 승산 있다고 생각했지만 낙찰될 거라고는 예상하지 못했다. 가벼운 마음으로 법원에 가서 입찰 서류를 제출했는데 너무 놀라운 일이 벌어졌다. 세 건의 경매 물건이 모두 낙찰된 것이다. 물론 같은 날 입찰을 했기 때문인데, 설마 전부 낙찰될 줄이야. 남들은 낙찰이 안 된다고 걱정하는 판에 낙찰률 100퍼센트를 달성한 나는 진정한 승자인지도 몰랐다. 그러나 승자의 어깨는 너무 무거웠다. 경매 경험도 별로 없는 내게 명도하고 수리해야 할 물건이 세 개나 더 생긴 것이다. 시흥에 두 개, 안산에 한 개.

낙찰의 기쁨도 잠시, 환경미화 일을 하면서 세 건의 명도를 진행해야 하는 상황이라 집중하기가 힘들었다. 그래서 차례대로 협의를 해나가기로 했다.

우선 시흥시 정왕동 빌라로 향했다. 3층이었는데 연식이 있어 낡긴 했지만 관리 상태는 괜찮은 집이었다. 문에 메모지를 붙여두고 바로 출근을 했다. 며칠 동안 연락을 기다리는데 감감무소식이라 다시 한 번 가서 메모를 남겼다.

'꼭 연락 주세요.'

드디어 낙찰받은 집의 거주자에게서 전화가 왔다.

"우리가요, 고모한테 이 집을 돈 주고 샀어요. 근데 소유권 이전을 안 했어요. 그렇게 지금까지 수십 년을 살았는데 경매에 넘어갔다고 해서 얼마나 놀랐는지 몰라요. 고모가 경제적으로 어려운 것도 몰랐고 이 집을 담보로 대출받은 줄도 몰랐어요. 하, 이게 웬 날벼락입니까. 공짜로 들어와 산 것도 아니고 제값 주고 구입을 했다고요. 그러니까 등기만 안 했지 우리 집이 맞아요. 근데 왜 우리가 쓰지도 않은 돈 때문에 우리 집에서 나가야 합니까. 정말 억울해서 살 수가 없네요. 어떻게 이런 일이 있을 수 있죠?"

그러게 말이었다. 세상에 이런 일도 다 있구나 싶었다. 일단 그의 말을 충분히 듣고 난 다음 전화를 끊었다. 이 집도 쉽지 않겠구나 하는 생각이 머리를 스치고 지나갔다. 하지만 내게는 다음 물건들도 남아 있지 않은가. 벌써 어렵다고 느끼면 안 되겠기에 생각부터 정리했다. 우선 임대차 계약을 하는 쪽으로 일을 진행하기로 마음먹었다.

협상을 하기 위해 며칠 후 전화를 걸었을 때, 그는 억울해서 집을 비워줄 수 없다며 일방적으로 전화를 끊었다. 강제집행까지 생각하고 한 입찰이었지만 막상 협의가 안 되니 또 한번 명도의 어려움을 절감했다.

다시 통화를 시도했다. 여러 번 전화를 했지만 받지 않기에 퇴근 후 저녁에 정왕동을 찾아갔다. 떨려서 초인종이 안 눌러졌다. 하지만 내가 겪어야 할 과정이었다. 피할 수 있는 일도 아니었다. 용기를 내어 초인종을 눌렀다.

이윽고 문이 열리더니 내 또래로 보이는 남자가 나왔다. 그가 말하기를 어머니는 일 때문에 전주에 계시고 형도 전주에 있어 지금은 혼자 살고 있다고 했다. 경매라는 게 어떻게 진행되는지 모르겠다며 나에게 방법을 물었다.

"이제 어떻게 해야 하죠?"

나는 최대한 알아듣기 쉽게 설명했다. 그러자 그는 오랫동안 살던 집이라 계속 살겠다는 의사를 표시했고, 나는 보증금 1,000만 원에 월 50만 원이라는 현 시세를 말해주고 집으로 돌아왔다. 막무가내로 나오면 어쩌나 걱정했는데 설득할 수 있어서 다행이었다.

이후로도 여러 차례 통화를 이어갔다. 경락잔금대출 납부일이 다가오던 어느 날, 그에게서 연락이 왔다.

"아무리 생각해도 너무 비싸서요. 월세를 조금 깎아주셨으면 좋겠어요. 그러면 계속 살 수도 있을 것 같아요."

흔쾌히 그러마 했다. 새 임차인을 들이는 게 아니니 수리비가 들지 않고 공실 걱정도 없는 데다 복비도 아낄 수 있으니 말이다.

"얼마나 깎아드리면 될까요?"

"보증금 300만 원에 월세 30만 원이요."

"그 정도까진 안 됩니다."

"왜 안 돼요? 내가 이 집에 오래 살아서 아는데요, 그 정도면 충분한 집이에요."

실전파이터는 이렇게 했다!

경락잔금대출이란 무엇인가

금융기관이 법원 경매나 공매로 낙찰받은 부동산에 대해 부족한 잔금을 대출해주는 제도를 말합니다. 물건 낙찰자는 입찰 시 최소입찰금액의 10퍼센트를 보증금으로 납부하고, 낙찰 후 한 달에서 한 달 반 사이에 잔금을 치러야 합니다. 개인 신용도에 따라 천차만별이지만 보통 제1금융권은 낙찰가의 최대 70퍼센트, 제2금융권은 낙찰가의 80~90퍼센트까지 대출을 해줍니다. 그러나 규제지역의 경우 낙찰자의 보유 주택 수에 따라 대출 허가 요건이 달라질 수 있으니 반드시 입찰 전에 미리 알아봐야 합니다. 비규제지역은 비교적 대출이 자유로운 편이지만 해당 물건이 유치권 등과 같은 특수물건일 때, 낙찰자의 소득 증명이 되지 않을 때는 절대 경락자금대출이 나오지 않으니 이 점 기억하길 바랍니다.

입찰 전 현장 조사를 하면서 이보다 컨디션 안 좋은 집이 보증금 1,000만 원에 월세 50만 원으로 임차인을 구한 걸 나는 알고 있었다.

"가까운 부동산에 가서 월세 시세를 다시 알아보시는 게 좋을 것 같습니다."

말은 덤덤히 했지만 마음은 급했다. 잔금 납부일이 다가오니 어서 명도를 끝내고 싶어 계약하지 않을 거면 최대한 빨리 집을 비워달라고 메시지를 보냈다. 그러자 자신에게도 집을 구할 시간을 달라는 답이 왔고 나는 한 달을 드리겠다고 했다.

약속했던 기간인 한 달이 가까워 오고 있었지만 연락이 오지 않았다. 전화를 했더니 이번에는 돈을 요구했다. 이사를 나가겠으니 그 비용을 달라는 것이었다.

갑의 횡포에 당하는 을이 된 기분이었다. 명도확인서를 이용해 협상하는 법을 몰라 내 말투는 부탁 조였고, 조금 과장하자면 상대는 협박 조였다. 이후로도 여러 번 부탁해 결국 협의가 이뤄졌다. 짐이 많아 다 가져가지 못하니 옷이나 가구 등을 버려달라는 요구도 들어주었고, 그렇게 잔금 납부 2개월 만에 명도를 할 수 있었다.

수없이 많은 통화와 협의를 통해 한 걸음 한 걸음 나아가 마침내 명도에 성공했을 때 나 자신이 대견하기도 했다. 첫 관문을 통과했을 뿐인데 모든 과제를 완수한 것처럼 홀가분했다. 명도가 해결되고 나니 집수리와 임차인 맞추기는 일도 아니게 느껴졌다.

최대한 비용을 아끼기 위해 친구들 도움도 받으며 직접 집을 손봤다. 어느덧 인테리어가 완성되어 임대를 놓고 월 60만 원의 수입이 생겼다. 정왕동 빌라는 3년 동안 월세가 한 번도 밀린 적 없는 고마운 집이다. 시간이 지날수록 개발 호재도 생겨 기다리기만 하면 되니 더더욱 좋다. 가끔은 부동산중개소 전화도 받는다. 내가 산 금액보다 두세 배 정도에 팔 생각 없냐고. 그야말로 성공적인 투자라고 할 수 있다.

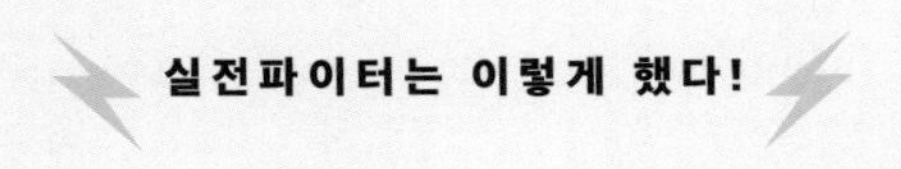

간단 경매 정보지 분석

정왕동 빌라의 경매 정보지를 처음 봤을 때 확인한 사항들입니다. 경매 정보지 곳곳에 숨은 의미들을 실전 예시로 알아봅시다.

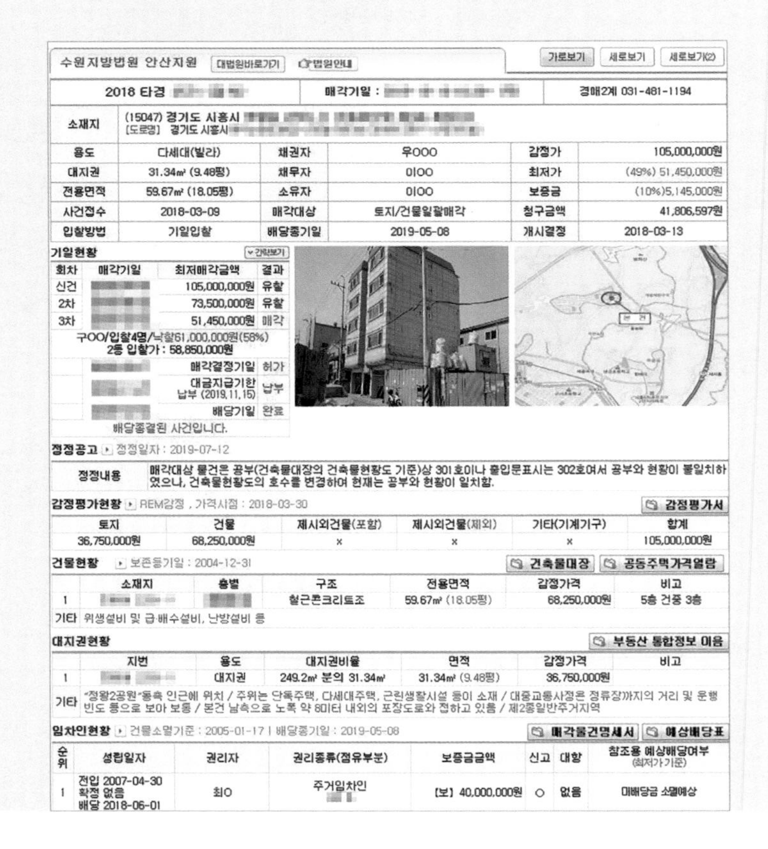

수원지방법원 안산지원 대법원바로가기 법원안내 | 가로보기 | 세로보기 | 세로보기(2)

2018 타경		매각기일 :		경매2계 031-481-1194	
소재지	(15047) 경기도 시흥시 [도로명] 경기도 시흥시				
용도	다세대(빌라)	채권자	우OOO	감정가	105,000,000원
대지권	31.34㎡ (9.48평)	채무자	이OO	최저가	(49%) 51,450,000원
전용면적	59.67㎡ (18.05평)	소유자	이OO	보증금	(10%)5,145,000원
사건접수	2018-03-09	매각대상	토지/건물일괄매각	청구금액	41,806,597원
입찰방법	기일입찰	배당종기일	2019-05-08	개시결정	2018-03-13

기일현황 간략보기

회차	매각기일	최저매각금액	결과
신건		105,000,000원	유찰
2차		73,500,000원	유찰
3차		51,450,000원	매각
구OO/입찰4명/낙찰61,000,000원(58%) 2등 입찰가 : 58,850,000원			
		매각결정기일	허가
		대금지급기한 납부 (2019.11.15)	납부
		배당기일	완료
배당종결된 사건입니다.			

정정공고 정정일자 : 2019-07-12

정정내용	매각대상 물건은 공부(건축물대장의 건축물현황도 기준)상 301호이나 출입문표시는 302호여서 공부와 현황이 불일치하였으나, 건축물현황도의 호수를 변경하여 현재는 공부와 현황이 일치함.

감정평가현황 REM감정 , 가격시점 : 2018-03-30 감정평가서

토지	건물	제시외건물(포함)	제시외건물(제외)	기타(기계기구)	합계
36,750,000원	68,250,000원	×	×	×	105,000,000원

건물현황 보존등기일 : 2004-12-31 건축물대장 공동주택가격열람

	소재지	층별	구조	전용면적	감정가격	비고
1			철근콘크리트조	59.67㎡ (18.05평)	68,250,000원	5층 건중 3층
기타	위생설비 및 급·배수설비, 난방설비 등					

대지권현황 부동산 통합정보 이용

	지번	용도	대지권비율	면적	감정가격	비고
1		대지권	249.2㎡ 분의 31.34㎡	31.34㎡ (9.48평)	36,750,000원	
기타	"정왕2공원"동측 인근에 위치 / 주위는 단독주택, 다세대주택, 근린생활시설 등이 소재 / 대중교통사정은 정류장까지의 거리 및 운행빈도 등으로 보아 보통 / 본건 남측으로 노폭 약 8미터 내외의 포장도로와 접하고 있음 / 제2종일반주거지역					

임차인현황 건물소멸기준 : 2005-01-17 | 배당종기일 : 2019-05-08 매각물건명세서 예상배당표

순위	성립일자	권리자	권리종류(점유부분)	보증금금액	신고	대항	참조용 예상배당여부 (최저가 기준)
1	전입 2007-04-30 확정 없음 배당 2018-06-01	최O	주거임차인	[보] 40,000,000원	○	없음	미배당금 소멸예상

입지분석

- 경기도 시흥시 정왕동은 배곧신도시에 근접해 있고 V시티 예정지다.
- 빌라 밀집 지역으로 생활 인프라가 형성돼 있다.
- 지하철역에서는 멀지만 마을버스로 다닐 수 있다.

물건분석

- 전용면적 18평의 쓰리룸으로 빌라 투자하기 좋은 평수다.
- 신축은 아니지만 비교적 외관은 깨끗하다.
- 엘리베이터는 없다.

건물 등기 사항 ▸ 건물열람일 : 2019-07-04 등기사항증명서

구분	성립일자	권리종류	권리자	권리금액	상태	비고
갑1	2004-12-31	소유권	김OO		이전	보존
갑2	2005-01-17	소유권	이OO		이전	매매
을1	2005-01-17	(근)저당	우OOO	71,500,000원	소멸기준	(주택) 소액배당 3000 이하 1200 (상가) 소액배당 3900 이하 1170
을2	2011-12-13	(근)저당	신OOOOO	61,000,000원	소멸	
갑6	2012-08-10	압류	영OO		소멸	(재무과-17931)
갑10	2013-11-28	압류	국OOOOOOO		소멸	(징수팀-903071)
갑12	2017-04-21	압류	국OOOOOOO		소멸	(재산법인납세과-타16049)
갑14	2018-03-13	임의경매	우OOO	청구: 41,806,597원	소멸	

권리분석

- 말소기준권리는 을구 1에 해당하고, 을구 1 이하는 모두 소멸되어 낙찰자가 인수할 금액이 없다.
- 확정일자도 없고 2005년 근저당 설정 이후에 전입신고하였으므로 임차인은 대항력이 없다.
- 소액 임차인에 해당하고 최우선변제로 배당을 받는다.
- 인수금이 없으므로 안전한 물건에 해당한다.

시세분석

- 두 번 유찰돼 시세의 절반 가격이다.

실전파이터의 경매 노트 시흥시 정왕동 3층 빌라

낙찰가	6,100만 원
대출금	4,880만 원
대출금리	2.5퍼센트
임대 보증금	500만 원
월세	60만 원
기타 비용	약 350만 원
실투자금	약 1,070만 원
연 수익금	약 598만 원
연 수익률	약 55퍼센트

04

집주인이면서 좋은 사람일 수 있다

시흥시 역세권 반지하 빌라

다음은 시흥의 역세권 반지하 빌라였다. 20년이라는 연식에 비해 내부도 새시도 깨끗했다. 지하철역과 가까운 데다 수리할 곳이 많지 않겠다고 예상해서 입찰한 물건이었다.

권리분석은 간단했다. 특수물건이 아니었으며 전세 사는 임차인이 있었지만 임차인의 권리가 후순위로 밀려 내가 전세금을 의무적으로 보전해주지 않아도 되었다. 또한 투룸 이상의 반지하라 공실에 대한 걱정도 없어 보였다. 수익률을 계산해 보니 절대 손해는 안 볼 것 같은 물건이었다. 투자 당시 비규제지역이었던 시흥의 성장 가능성을 고려했을 때 어쩌면 시세차익의 가능성도 있었다.

이번에도 역시 퇴거 요청 관련 메모를 집 앞에 부착하고 기다렸다. 2주 후 세입자가 연락을 해왔다. 주택도시보증공사에서 대출을 받아 보증금 6,600만 원에 전세로 살던 선순위 임차인이었는데, 사정이 있다며 며칠만 주소를 옮겨달라는 집주인의 부탁을 들어주는 바람에 후순위로 밀려난 상태였다. 주택도시보증공사에 문의했더니 임차인의 실수로 전세 보증금 일부를 못 받게 되었으니 다음 전세 대출은 해줄 수 없다는 답변을 받았다고 했다.

이후로도 여러 번 통화를 하면서 임차인에 대해 좀 더 자세히 알게 되었다. 아이 둘을 키우는 한부모였고, 10년에 한 번씩 도배, 장판, 새시 등을 정부가 지원해주는데 지금 빌라로 이사 오면서 도배를 지원받아 집이 깨끗하다고 했다. 그래서 월세가 너무 비싸지 않으면 월세로라도 계속 거주하고 싶다는 의사를 밝혔다.

혹시나 하는 마음에 주택도시보증공사 담당자와 통화를 시도했다. 처음 통화할 때만 해도 임차인이 실수를 하는 바람에 후순위로 밀려 손해가 많다면서 더 이상의 대출은 절대 해줄 수 없다고 했다. 하지만 여러 번 통화하며 설득한 끝에 1,000만 원 정도는 대출이 나올 수 있다고 답변을 받았다.

답변을 전달하니 임차인은 안심하면서 기뻐했다. 그렇게 보증금 1,000만 원에 월세 33만 원으로 재계약을 진행할 수 있었고, 임차인에게 수리할 부분이 있으면 전부 알려달라고 했다. 거주하다가 고장이 나기 전에 새것으로 미리 교체하면 임차인도 불편을 덜 겪을 수 있고 나도 마음이 편하다.

다행히 수리할 곳은 많지 않았다. 화장실 변기와 세면대, 보일러 교체만 하면 되는 집이었다. 수리비는 총 100만 원이 안 됐다. 월세는 시세보다 싸게 받았지만 나름대로 성공적인 세팅이었다. 당시 주변의 방 3개짜리 반지하 월세는 수리된 집의 경우 보증금 1,000만 원에 월세 40~45만 원이라 시세보다 10만 원 정도 낮았다. 하지만 다른 집보다 저렴하니 세입자는 만족해했고, 나 역시 재계약이라 부동산중개료가 들지 않고 수리비도 적게 들어 불만이 없었다.

그때로부터 3년이 지났다. 월세를 올리지 않으니 시간이 흐르면서 내 집의 월세는 다른 집에 비해 훨씬 더 저렴해지고 일부 수리가 돼 있어 더 매력적인 빌라가 되었다. 시세차익도 저절로 따라왔다.

실전파이터는 이렇게 했다!

간단 경매 정보지 분석

시흥시에서 낙찰받은 빌라의 또 다른 사례입니다. 앞 사례와 비슷한 관점에서 투자를 했는데, 같은 지역의 두 번째 물건이어서 더 수월하게 진행할 수 있었습니다.

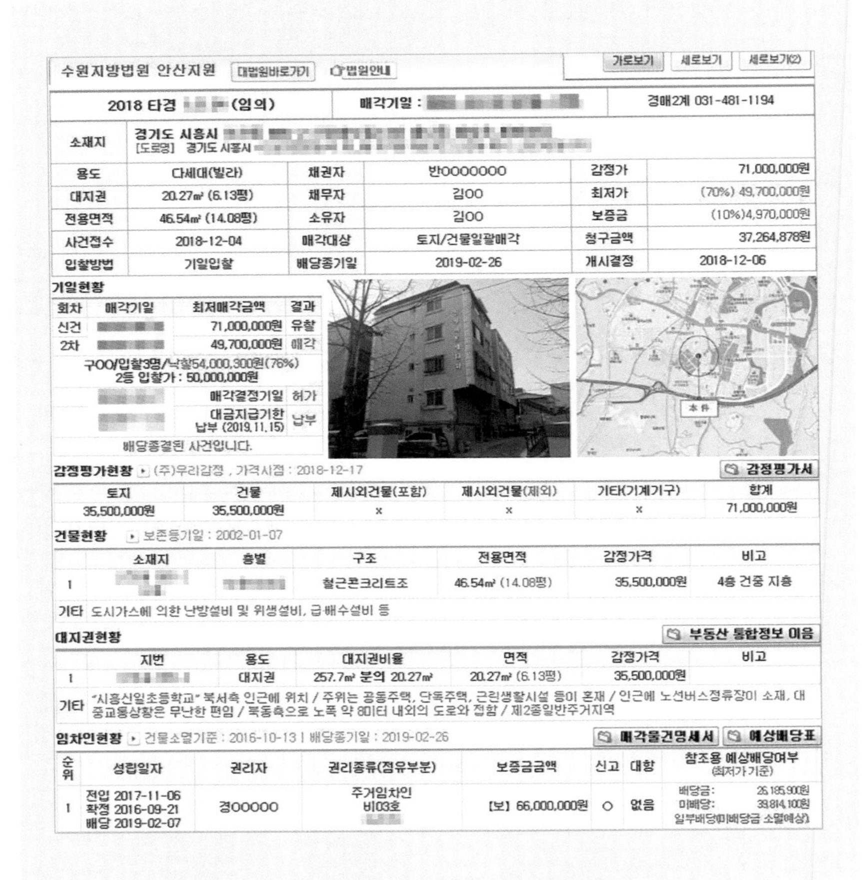

수원지방법원 안산지원 대법원바로가기 법원안내 가로보기 세로보기 세로보기(2)

2018 타경 (임의)	매각기일 :	경매2계 031-481-1194	
소재지	경기도 시흥시 [도로명] 경기도 시흥시		

용도	다세대(빌라)	채권자	반OOOOOOO	감정가	71,000,000원
대지권	20.27㎡ (6.13평)	채무자	김OO	최저가	(70%) 49,700,000원
전용면적	46.54㎡ (14.08평)	소유자	김OO	보증금	(10%)4,970,000원
사건접수	2018-12-04	매각대상	토지/건물일괄매각	청구금액	37,264,878원
입찰방법	기일입찰	배당종기일	2019-02-26	개시결정	2018-12-06

기일현황

회차	매각기일	최저매각금액	결과
신건		71,000,000원	유찰
2차		49,700,000원	매각
구OO/입찰3명/낙찰54,000,300원(76%) 2등 입찰가 : 50,000,000원			
		매각결정기일	허가
		대금지급기한 납부 (2019.11.15)	납부
배당종결된 사건입니다.			

감정평가현황 (주)우리감정 , 가격시점 : 2018-12-17 감정평가서

토지	건물	제시외건물(포함)	제시외건물(제외)	기타(기계기구)	합계
35,500,000원	35,500,000원	×	×	×	71,000,000원

건물현황 보존등기일 : 2002-01-07

	소재지	층별	구조	전용면적	감정가격	비고
1			철근콘크리트조	46.54㎡ (14.08평)	35,500,000원	4층 건중 지층
기타	도시가스에 의한 난방설비 및 위생설비, 급·배수설비 등					

대지권현황 부동산 통합정보 이음

	지번	용도	대지권비율	면적	감정가격	비고
1		대지권	257.7㎡ 분의 20.27㎡	20.27㎡ (6.13평)	35,500,000원	
기타	"시흥신일초등학교" 북서측 인근에 위치 / 주위는 공동주택, 단독주택, 근린생활시설 등이 혼재 / 인근에 노선버스정류장이 소재, 대중교통상황은 무난한 편임 / 북동측으로 노폭 약 8미터 내외의 도로와 접함 / 제2종일반주거지역					

임차인현황 건물소멸기준 : 2016-10-13 ǀ 배당종기일 : 2019-02-26 매각물건명세서 예상배당표

순위	성립일자	권리자	권리종류(점유부분)	보증금금액	신고	대항	참조용 예상배당여부 (최저가 기준)
1	전입 2017-11-06 확정 2016-09-21 배당 2019-02-07	경OOOOO	주거임차인 비03호	[보] 66,000,000원	○	없음	배당금: 26,185,900원 미배당: 39,814,100원 일부배당(미배당금 소멸예상)

입지분석

- 경기도 시흥시는 신축 대단지 아파트 건설로 집값이 오르고 있는 추세다.
- 시흥시 2030 도시주거환경정비 기본계획을 살펴보면 해당 빌라 주변 주택 재개발이 추진 중이다.
- 아파트 근처의 빌라로 생활 인프라를 공유한다.

- 공업단지 근처로 월세 수요가 예상된다.

물건분석

- 전용면적 14평의 쓰리룸으로 빌라 투자하기 좋은 평수다.
- 구축이지만 빌라 외관, 현관문 등이 깨끗하다.
- 초등학교 근처에 위치해 가족 단위 세입자가 선호한다.
- 마을버스와 도보 5분 거리에 지하철역이 있다.

건물 등기 사항 ▸ 건물열람일 : 2018-12-21 　 등기사항증명서

구분	성립일자	권리종류	권리자	권리금액	상태	비고
갑5	2013-01-21	소유권	한OO		이전	상속
갑6	2016-09-06	소유권	김OO		이전	증여
을5	2016-10-13	(근)저당	반OOOOOOO	48,000,000원	소멸기준	(주택) 소액배당 8000 이하 2700 (상가) 소액배당 5500 이하 1900
갑7	2018-10-15	가압류	경OOOOOOO	14,196,215원	소멸	
갑8	2018-12-06	임의경매	반OOOOOOO	청구: 37,264,878원	소멸	

권리분석

- 말소기준권리는 을구 5에 해당하고, 을구 5 이하는 모두 소멸되어 낙찰자가 인수할 금액이 없다.
- 2016년 근저당 설정 이후에 전입신고하였으므로 임차인은 대항력이 없다.
- 낙찰자가 보증금 6,600만 원을 보전해주지 않아도 된다.
- 임차인이 대항력은 없지만 일정 금액을 배당받을 수 있다(명도가 비교적 수월하다).
- 인수금이 없으므로 안전한 물건에 해당한다.

시세분석

- 한 번 유찰돼 시세보다 가격이 저렴하다.

집주인과 임차인, 함께 상생할 수 있다면

투자는 돈을 벌기 위해 하는 것이다. 그래서 직장에 다니며 없는 시간을 만들어 공부하고 임장을 다닌다. 이런 수고로움을 감수하고 하는 투자이니 월세를 높게 받는 것은 중요하지만 상황에 따라 목표 수익률을 조정할 수도 있어야 한다.

처음으로 낙찰받은 빌라의 명도를 진행할 때, 조금만 일찍 욕심을 내려놓았다면 그 과정이 훨씬 수월했을 것이다. 고시원을 알아보러 다니지 않아도 되고, 그토록 깊은 고민에 빠지지 않아도 됐을 것이다. 그러다 월 30만 원이라는 목표를 포기해야겠다는 생각이 들었다. 그러자 마음에 평안이 찾아왔다. 목표보다 9만 5,000원의 월수입이 줄어드는 게 큰 손해처럼 느껴져 놓질 못했는데 막상 마음을 정하자 실은 별것 아닌 돈이었다. 가난하고 외로운 노인의 남은 인생에 비하면, 그런 분을 길바닥으로 내몰았다는 자책감에 비하면 말이다.

시흥시 반지하 빌라도 마찬가지였다. 혼자 두 아이를 키우는 어머니에게 월 33만 원 이상은 부담스러운 금액이었다. 다른 세입자를 들여 더 높은 월세를 받을 수도 있었지만 나는 상생하는 쪽을 택했다. 수익률에만 집착했다면 그분은 그분대로 힘들고 나도 재계약에서 얻을 수 있는 이점을 누리지 못했을 것이다.

실전파이터의 경매 노트 시흥시 역세권 반지하 빌라

낙찰가	5,400만 원
대출금	4,320만 원
대출금리	2.6퍼센트
임대 보증금	1,000만 원
월세	33만 원
기타 비용	약 180만 원
실투자금	약 260만 원
연 수익금	약 283만 원
연 수익률	약 109퍼센트

05

최악의 상황을 그려보고 투자하라

안산시 반지하 18평 빌라

동시 낙찰된 세 건 중 마지막 물건은 안산에 있는 반지하 빌라였다. 전용면적 18평으로 넓은 집이었으나 월세를 많이 받을 수 있는 지역은 아니어서 보수적으로 수익률을 산정했다. 보증금 1,000만 원에 월 40만 원을 예상했고, 낙찰받은 가격은 6,100만 원이었다.

먼저 내가 안산을 선택한 이유에 대해 설명하겠다. 투자를 하려면 그 지역에 대해 상당히 많이 공부해야 하는데 먼저 전체적인 구획부터 알아야 한다. 안산 고잔동은 구축과 신축 아파트가 잘 어우러져 있고 학군이 형성돼 있는 곳이다. 여의도로 30분 만에 연결되는 신안산선 개통

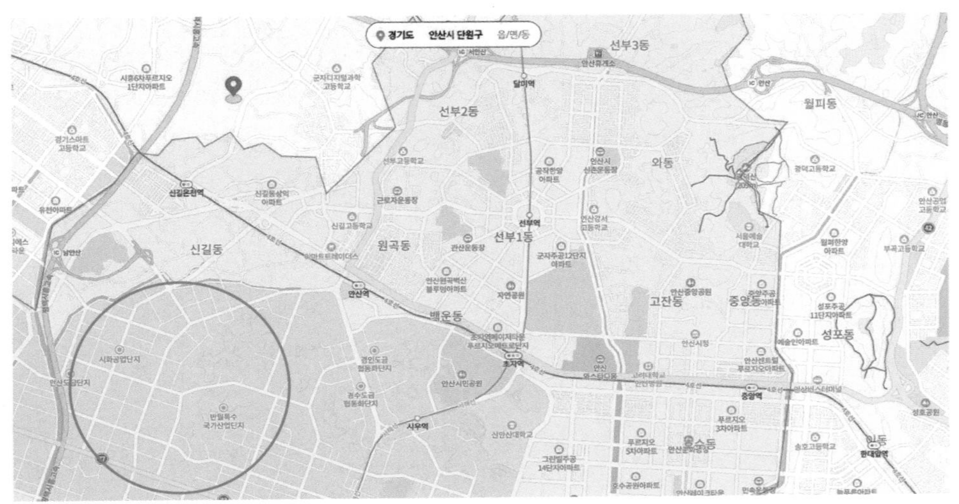

큰 공단이 자리한 안산의 전경 지도

출처: 네이버 지도

등 교통 개발 이슈도 명확해서 아파트는 물론 원룸에 대한 수요가 높다. 고잔동 옆의 초지동은 신도시급의 신축 아파트가 많아 이쪽에는 당연히 원룸 수가 적다.

반면 선부동, 원곡동 등은 중국인, 우즈베키스탄인 등 이주민이 많이 살아 오래된 구축 주공 아파트와 원룸촌 등이 발달해 있다. 빌라의 월세와 보증금 가격은 낮지만 원룸 수요는 꾸준한 편이다. 특히 방이 두세 개 있는 빌라라면 상당히 안정적인 투자처가 될 수 있다. 내가 낙찰받은 물건은 아래와 같은 장점이 있었다.

- 넓은 전용면적

→18평으로 가족이 살기 적합하다. = 이주를 쉽게 하지 않는다.

• 시세 상승 여력

→교통 개발 등으로 지가가 오를 수 있다.

• 수익률 보장

→주변에 큰 규모의 공단이 있다. = 월세 수요가 있다.

문제해결력이 전부다

여느 때처럼 메모지를 두 차례에 걸쳐 남겨놓고 바쁜 나날을 보내고 있던 중 모르는 번호로 전화가 왔다. 안산의 임차인이었다. 전화를 한 사람은 남편으로, 베트남인 아내와 함께 살고 있다고 했다. 사업에 실패해 아내가 집 근처 식당에서 서빙을 해 벌어오는 돈으로 생계를 유지하고 있다고도 했다. 그러면서 이사를 가겠으니 이사비용을 달라고 했다.

입찰하기 전 알아본 바에 의하면 보증금 2,000만 원, 월 5만 원에 살고 있었고, 최우선변제(임차인이 대항요건을 갖추고 임대차계약서에 확정일자를 받은 경우 경매 또는 공매 절차에 따른 후순위 혹은 그 밖의 채권자보다 우선해 보증금을 변제받을 수 있는 권리)로 보증금을 온전히 돌려받을 수 있는 임차인이었다. 그런데도 처음부터 이사비용을 요구하니 당황스러웠다. 그래도 물어는 보자 싶었다.

"이사비는 얼마나 필요하신가요?"

"1,000만 원요."

액수를 듣자 더욱 당황스러웠다.

"이사비용 드리는 건 어려울 것 같습니다."

"그럼 이사 못 가죠."

"생각이 바뀌시길 기다리겠습니다."

일단 전화를 끊었다. 오만가지 생각이 들기 시작했다. 강제집행을 해야 하나? 이 문제를 어떻게 풀어야 할까? 1,000만 원의 이사비용은 아파트에서도 주기 힘든 금액이었다. 그럴 바엔 차라리 강제집행을 하는 것이 비용과 시간, 정신 건강 면에서도 이득이 아닐까?

하지만 아무리 생각해도 강제집행은 아니었다. 1,000만 원이라는 거금을 요구하는 자체가 괘씸했기에 이사비용은 더더욱 주기 싫었다. 그렇다고 내 감정을 그대로 드러내면 싸움만 될 게 뻔했다.

일주일 간격으로 세입자와 통화를 했던 것 같다. 그에 대한 부정적인 감정은 드러내지 않으면서 인간적으로 다가가는 전략으로 대화를 시도했다. 마치 내가 투자자가 아니라 실거주로 이 집에 거주할 것처럼 설정해 그를 설득했다.

"선생님, 제가 아무것도 안 알아보고 이 빌라를 낙찰받았겠습니까. 부동산에서 그러더군요, 절대 월세 안 나갈 집이라고요. 나중에 팔기도 힘들 거라더군요. 그런데 왜 제가 낙찰을 받았겠습니까. 그동안 전세를 전전하며 살았는데 보증금이 계속 오르니 힘들더라고요. 먹고살기도 어려운데 월세 내가면서 살 수도 없고요. 그래서 반지하 집이라도 꾸미고 살려고 6,100만 원에 낙찰을 받았어요. 그런데 이사비용으로 1,000만 원을 드리면 이 집을 낙찰받은 의미가 없지 않습니까. 드리고 싶어도 드릴 돈도 없고요."

최대한 불쌍한 표정을 지어보였기 때문일까. 그가 불현듯 속내를 털어놓았다.

"사실은… 한몫 챙길 심산이었어요. 주변에서 이사비 받아내라고, 큰 돈 벌 수 있다고 말해주더라고요."

나는 경매의 시스템을 알려주고 만약 계속 1,000만 원을 요구하면 강제집행을 하고 차후에 손해배상 청구를 할 수도 있다고 심리적으로 은근히 압박을 가했다. 명도확인서에 대해서도 설명했다.

"선생님 같은 임차인은 낙찰자의 명도확인서와 인감증명서가 있어야 배당금으로 보증금을 받을 수 있습니다."

차근차근 설명한 다음 내가 할 수 있는 건 이사 갈 시간을 드리는 것뿐이라고 말했다. 그도 수긍했다.

그가 새로 거처를 구해 이사를 가기까지 두 달여를 기다려주었다. 어차피 최근 상황이 바빠 바로 인테리어도 착수할 수 없기에 공실로 남기는 것보단 기다려주는 게 이득이었다.

우리는 예측하지 못한 상황에 직면했을 때 불안과 두려움을 느낀다. 경매 투자를 할 때도 최악의 상황까지 염두에 두고 입찰해야 한다. 그래야 곤란한 상황에 직면해도 여유 있게 대처할 수 있다. 안산 빌라로 인해 내 '최악의 상황' 목록에는 '거액의 이사비용 요구'라는 항목이 추가

됐다. 그리고 두 달 후, 임차인은 이사를 가고 나는 집을 수리해 월세 세입자를 구할 수 있었다.

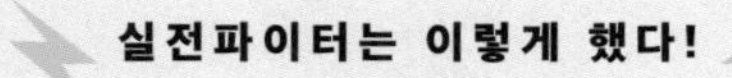

명도 시 메모 남기는 법

메모는 최대한 사실관계만 담아서 단순하게 남깁니다. 집주인 혹은 임차인은 첫 번째 메모에 답을 주지 않죠. 보통 60퍼센트는 두 번째부터 답을 주며, 계속 답이 없으면 메모를 반복해서 붙입니다. 반드시 간결하고, 명확하게 메모를 남기는 것이 중요합니다. 군더더기 없이요.

첫 번째 메모

2021타경 0000(사건번호) 낙찰받은 낙찰자 구범준입니다. 선생님의 향후 거취를 상의하고자 방문했지만 부재중이어서 메모 남깁니다. 원만한 협의가 될 수 있도록 협조 부탁드립니다.

· 연락처: 010-1234-5678

두 번째 메모

2022년 7월 10일 낙찰자 구범준

꼭 연락 부탁드립니다.

· 연락처: 010-1234-5678

실전파이터의 경매 노트 안산시 18평 반지하 빌라

낙찰가	6,100만 원
대출금	4,880만 원
대출금리	2.7퍼센트
임대 보증금	1,000만 원
월세	55만 원
기타 비용	약 700만 원
실투자금	약 920만 원
연 수익금	약 528만 원
연 수익률	약 57퍼센트

06

빌라로 월세 100만 원 받을 수 있다고?

고양시 덕양구 1층 빌라

수차례의 낙찰과 명도, 그리고 집수리를 하고 임차인을 구했다. 벌써 내 통장으로 매달 차곡차곡 서너 군데서 월세가 들어온다. 처음에는 정말 적은 돈 같았지만 쌓이니 무시할 수 없는 돈이 됐다. 경매를 시작할 때까지만 해도 '내가 잘할 수 있을까?'라는 두려움이 컸는데 예상했던 최악의 상황은 일어나지 않았다. 어떠한 어려움이 와도 임차인 또는 채무자와 협의를 잘하면 일은 풀렸다.

그러다 보니 점점 빌라 투자가 재밌어지기 시작했다. 덩달아 수익도 계속해서 늘어갔다. 내가 하는 투자는 한 방에 몇억씩 오르는 행운은 일어나지 않지만 꾸준히 쌓아가는 투자라고 생각한다. 이대로 하다 보면 결국 부자가 될 거라는 확신이 들었다.

이 물건을 낙찰받았을 때쯤 서울 아파트 가격이 천정부지로 뛰기 시작했다. 경매 시장에서도 아파트 낙찰가가 점점 높아지고 있었다. 빌라 경매도 마찬가지였다. 아파트만큼은 아니지만 낙찰받는 가격이 빠르게 올라가는 것이 보였다. 열심히 입찰을 해도 이전처럼 좋은 물건이 한 번에 낙찰되는 행운은 일어나지 않았다. 패찰을 많이 하면 할수록 내 기준이 흔들리기 시작했다.

'너무 욕심을 부리나?'

'투자 전략을 바꿔야 하나?'

'너무 좋은 집들만 입찰에 들어가나?'

'경매 시장의 흐름을 못 따라가는 건가?'

이 시기에는 부동산 관련 유튜브나 책보다 마인드를 단단하게 해주는 콘텐츠를 일부러 많이 봤다. 부동산 관련 이슈들을 보면 오히려 내 투자 철학이 흔들리고 혼란이 가중되는 것 같았다.

빌라 투자를 하는 사람은 소수이다 보니 나를 이해하는 사람도 소수다. 물어볼 곳도 많지 않아서 스스로 마인드 컨트롤을 하며 투자에 임해야 한다. 이때 인문학, 심리학 책이 큰 도움이 됐다.

틈새 시간이 날 때는 책을 읽고, 주중에는 일부러 시간을 내어 꾸준히 입찰을 했다. 처음 투자를 시작했던 그때의 행동 패턴으로 돌아간 것이다. 그렇게 입찰을 하다가 이 물건을 만나게 됐다.

노력으로 행운을 만들다

이번 물건은 경기도 고양시 덕양구에 있는 1층 빌라였다. 한 번 유찰된 물건이었고 사람들이 선호하는 지역이 아니어서 최저가를 적어 냈는데 단독 낙찰이 됐다. 그동안 경험이 쌓인 터라 이번에는 기분이 썩 좋았다.

1층이라 내부를 육안으로 확인할 수 있었는데 도배도 깨끗하고 싱크대 또한 수리할 곳이 없었다. 이렇게 상태 좋은 빌라를 최저가에 낙찰받았으니 행운이었다.

채무자는 이 빌라가 신축일 때 대출을 끼고 1,000만 원에 구입했다고 했다. 그런데 더 이상 대출 원금과 이자를 내지 못하게 됐다. 같이 살던 여자친구가 그의 재산과 신용카드를 들고 야반도주를 했기 때문이다. 이 집이 경매에 나오게 된 연유였다.

"제가 냉동 창고에서 일을 합니다. 월급이 꽤 돼요. 카드 값도 금방 갚을 수 있어요. 저는 이 집에서 계속 살고 싶거든요. 저랑 월세 계약을 하시죠."

"생각 좀 해보겠습니다. 일주일 뒤에 전화드릴게요."

명도 과정에서 채무자나 임차인과 협의할 때 나는 시간을 두고 진행하는 편이다. 바로 답을 주지 않는다. 이럴 때 내게 무언가를 원한다면 대개 돈을 더 달라거나 시간을 더 달라고 하는 것이다. 이러한 요구를 즉흥적으로 판단하고 대답하면 반드시 후회할 일이 생긴다. 협상이나

경매 정보지에 실린 경기도 고양시 덕양구 빌라 전경

제안을 할 때는 조급해서는 안 된다. 서로가 충분히 생각할 시간을 갖고 협의를 해야 나 역시 만족하는 결과가 나온다. 그래서 내게는 간격을 두고 협의를 하는 습관이 있다.

임차인과 달리 소유자가 살고 있던 집을 재계약할 때는 한번 더 생각해봐야 한다. 여러 장점을 뛰어넘는 치명적인 단점이 하나 있기 때문이다. 사는 집이 경매에 넘어갔다는 것 자체가 이미 현금흐름에 문제가 있다는 의미다. 그러니 꼬박꼬박 월세를 잘 받을 수 있으리라는 보장이 없다.

일주일 후 그에게 전화를 했다.

"집을 알아보셔야 되겠어요. 이사비용은 드리겠습니다."

"이사를 가라고요?"

"그렇습니다."

"여자친구가 사용한 카드 값을 못 갚아 지금 월급 통장이 압류돼 있어요. 월세 낼 돈은 있는데 보증금을 당장 마련할 수가 없으니 다른 데는 월세를 못 구해요. 사정 좀 봐주세요. 부탁드립니다."

또다시 고민이 시작됐다. 당시 해당 빌라 근처의 방 3개짜리 월세 시세는 보증금 1,000만 원에 월 50~60만 원이었다. 보증금이 넉넉하다면 월세를 몇 달 밀려도 타격이 크지 않지만, 보증금이 적은데 월세까지 밀리면 임차인이 갑이 되고 집주인은 을이 되기도 한다. 이 경우 생각보다 큰 문제가 된다.

고민을 하는 중에 먼저 전화가 왔다.

"일단 보증금 300만 원에 월 100만 원으로 계약을 하면 어떨까요? 사정이 나아지면 보증금을 1,000만 원으로 올리고 월세는 60만 원으로 낮추고요."

월세가 두어 달 밀린다 해도 시세보다 40만~50만 원을 더 받는 것이니 나쁘지 않은 조건이라는 생각이 들었다. 먼저 제안하는 적극적인 모습에 신뢰도 갔다.

예상대로 수리비는 들지 않았고, 3년이 지난 지금까지 월세는 꼬박꼬박 들어오고 있다. 수익률 20퍼센트를 예상하고 입찰했는데 현재 수익률은 50퍼센트 이상에 달한다. 아파트가 아닌 빌라에서 월세 100만 원 받기란 쉬운 일이 아니다. 상대의 제안으로 인해 가능했으니 운이 좋았다고 생각한다. 하지만 내가 실천하고 실행했기 때문에 운도 따라와 준 것이 아닐까.

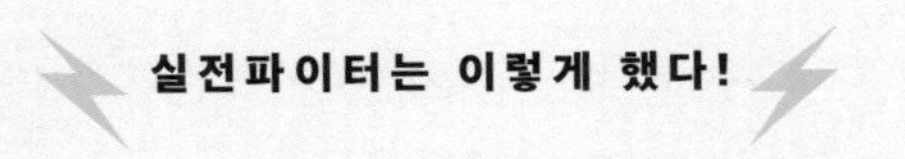

예상 수익률 책정할 때 고려해야 할 것

수익률을 어느 정도 예상하고 낙찰받으면 막연한 불안감이 해결됩니다. 시세 조사와 권리분석을 통해 입찰가를 설정했다면 그에 맞는 대출을 알아보는 거죠. 고양시 덕양구 물건 같은 경우 시세보다 저렴하게 낙찰을 받았고, 낙찰가 기준 80퍼센트의 대출이 실행됐습니다. 당시는 저금리 시대여서 약 2퍼센트 후반의 금리가 형성돼 있었는데요. 저는 조금 더 보수적으로 고려하여 금리 4퍼센트로 계산을 했습니다. 또한 임대 보증금과 월세도 바로 세입자를 구할 수 있도록 최소한의 금액으로 예상했고요. 입지가 좋지 않은 곳일수록 보수적으로 계산해야 최악의 상황이 오더라도 대응할 수 있습니다.

기타 비용은 크게 취득세, 수리비, 법무비 등이 있습니다. 취득세나 법무비는 단가를 예상하기 어렵지 않아 고정비와 다름없습니다. 기타 비용 중 조정 가능한 부분은 수리비입니다. 건물의 노후도에 따라 예상 수리비는 천차만별인데요. 빌라는 저마다 특성이 달라 입찰 전 반드시 확인해야 합니다.

예상 수리비(2023년 기준)

- 준신축 빌라: 100~200만 원
- 10~14년 빌라: 150~250만 원(관리가 잘 된 경우 100만 원)
- 15~20년 빌라: 250~350만 원
- 20년 이상 빌라: 350~500만 원

연식이 10년 이상인 빌라는 싱크대, 도배, 장판 등의 수리가 필요한 경우가 대부분입니다. 또한 빌라 수리에서 가장 신경 써야 하는 부분은 누수입니다. 20년 이상 된 빌라는 배관에 문제가 생길 수 있어 예상 비용을 넉넉히 책정하는 것이 좋습니다.

임장을 통해 수리 비용을 가늠할 수 있는데, 상태가 좋은 빌라면 그 물건은 경쟁력 있는 빌라입니다. 이처럼 입찰가는 막연히 설정할 게 아니라 수리 비용까지 고려해서 결정해야 합니다. 만약 셀프 인테리어가 가능하다면 수익률은 더 높일 수 있습니다.

또 하나의 팁은 예상 수익률을 정했다고 그 가격을 반드시 고수할 필요는 없다는 점입니다. 가장 보수적으로 접근해서 낙찰받고 수리한 뒤 시세대로 임대를 받으면 됩니다. 최고의 투자가 될 수는 없더라도 이익은 확실히 남아 그것으로 충분합니다.

실전파이터의 경매 노트 고양시 덕양구 1층 빌라

[예상 수익률]		[실제 수익률]	
낙찰가	8,260만 원	**낙찰가**	8,260만 원
대출금	6,608만 원	**대출금**	6,608만 원
대출금리	4.0퍼센트	**대출금리**	2.7퍼센트
임대 보증금	500만 원	**임대 보증금**	300만 원
월세	50만 원	**월세**	100만 원
기타 비용	500만 원	**기타 비용**	440만 원
실투자금	1,652만 원	**실투자금**	1,792만 원
연 수익금	약 335만 원	**연 수익금**	약 1,021만 원
연 수익률	약 20퍼센트	**연 수익률**	약 57퍼센트

07

경매 고수로 가는 험난한 길

파주시 2층 빌라

파주시 2층 빌라는 처음 경매에 나왔을 때부터 마음에 들어 관심 물건으로 등록해놓고 지켜보던 물건이었다. 육안으로만 봐도 좋은 빌라였기 때문이다. 더 자세히 살펴보니 아래와 같은 점이 매력적이었다.

- 준신축이다.
- 건물 상태 및 관리도 좋아 보인다.
- 엘리베이터가 필요 없는 2층이다.
- 당시 비규제지역이었던 파주에 위치한다.

경매 정보지에 실린 파주시 2층 빌라 전경

이 빌라는 준신축이라 시세를 정확하게 알기가 어려웠다. 다들 쉬쉬하는 분위기여서 주민들에게 물어 알 수도 없었다. 하지만 대략적인 시세를 파악하고 있었기에 큰 문제가 되지는 않았다. 또한 나에게는 매매가보다 전월세가가 더 중요했는데, 낙찰받고 바로 팔 것이 아니었기 때문이다.

주변 전월세 시세를 조사해본 결과, 이 빌라는 보증금 1,000만 원에 월 90만 원은 충분히 받을 수 있었다. 걸어서 1분 정도 더 들어가는 집도 같은 시세였다. 근처에 있는 빌라의 전세가도 최근 3개월 기준으로 찾아보니 2억~2억 2,000만 원 상당의 시세를 형성하고 있었다. 주변 부동산 사장님과도 친분이 생겨 매매가 및 전월세 시세를 한번 더 확인했고, 조사한 내용이 틀릴 수가 없다는 확신이 들었다. 이 빌라를 낙찰받으면 많은 수익이 날 것이 분명했다. 하지만 기쁨도 잠시, 매각물건명세서를 확인하니 집에 몇 가지 하자가 있었다. 이 부분이 마음에 걸려 유찰되기를 잠시 기다려보기로 했다.

그러던 중 누군가 이 물건을 낙찰받았다. 조금 아쉬웠지만 내 물건이 아니었다고 생각하며 마음을 접고 있었는데, 갑자기 매각불허가신청이 난 것을 발견했다. 매각불허가신청이란 쉽게 말해 낙찰을 물러달라고 법원에 요청하는 것이다.

이 물건은 내가 예상했던 대로 하자를 이유로 매각불허가신청이 났는데 창호 마감 미처리, 배관 막힘, 화장실 고장 등이 문제였다. 다시 현장에 가서 자세히 조사해보기로 했다.

경매 물건으로 나온 집의 같은 층 다른 여섯 가구를 차례차례 찾아갔지만 다들 부재중인지 주민들을 만날 수가 없었다. 딱 한 집이 문을 열어줬지만 그 집과 엮이고 싶지 않다며 이내 문을 닫았다. 뭔가 쉬쉬하는 분위기였다.

나는 임장을 가서 답을 얻지 못하면 쉽게 집으로 돌아오지 못한다. 임장을 가기 전 인터넷으로 지역에 대해 조사하고 실거래가를 확인하고 서너 군데의 부동산에 전화를 걸어 궁금한 점을 물어보는데 그렇게 손품을 판 시간이 아까워서라도 답을 얻어야 직성이 풀렸다. 어떻게 해야 할지 고민하며 반 시간쯤 주변을 돌아봤다. 그때 한 가지 생각이 떠올랐다. 빌라 주차장에 주차한 차량의 전화번호를 이용하자!

차에 붙은 전화번호로 일일이 전화를 걸었다. 하지만 별다른 정보를 얻을 수가 없었다. 딱 한 군데만 더 해보자 해서 전화를 한 곳이 반장님 집이었다.

"안녕하세요. 저는 2층 경매 나온 집에 관심 있는 사람입니다. 그래서 입찰하기 전에 이것저것 알아보려고 하는데요. 그 집에 혹시 문제가 있는지 알고 싶어 염치 불구하고 전화드렸습니다."

"아, 그 집이요. 현재 문제가 없는 걸로 알고 있어요."

"배관이 막혀 있다고 하던데요. 2층 배관이 막혔다면 공동 배관이 막혀 있다는 건데 3층은 괜찮나요?"

"2년 전에 다 수리했고 현재는 사용하는 데 문제가 없어요. 그 집 경매로 받으시려고요?"

"네. 집이 좋아보여서요."

"그 집 낙찰받으면 골치 아플 거예요. 나도 자세히는 말 못하겠지만 하여간 힘들어질 테니 낙찰받지 마세요."

"혹시 최초 분양할 때 빌라 마감이 부실했나요?"

"그랬죠. 건설사가 부도를 냈거든. 그래서 준공이 안 났어요. 그 바람에 주민들이 돈을 모아 준공 신청하고, 사용 승인까지 2년이 걸렸네요. 더 이상은 알려드릴 수 없으니 전화 끊겠습니다."

쉽지 않겠다는 생각이 들었다. 초보 투자자는 무서워서 시도도 못하겠다 싶었다. 그렇다고 반장님 말만 듣고 포기하기엔 석연치 않아 구청에 전화해 준공과 사용 승인이 정상적이었는지, 매매하는 데 문제가 없는지 확인했다. 그 밖에 여러 방법으로 알아본 결과 집 자체는 문제가 없었다. 내부 수리만 신경 쓰면 된다는 결론을 내리고 입찰을 결심했다.

내가 감당할 수 있는 물건인가

나는 매각 최저가에서 입찰가를 1원도 더 쓰지 않았고, 그렇게 1억 2,600만 원에 낙찰을 받았다. 최초 감정가가 2억 4,000만 원이었으니 거의 반값에 취득한 것이다. 앞서 언급한 것처럼 일단 1억 9,000만 원에 처음 낙찰받은 이가 매각불허가신청을 했고, 신청이 받아들여져 최저가가 1억 8,000만 원으로 조정돼 나왔다. 이후 한 번 더 유찰이 돼서 매각 최저가가 1억 2,600만 원까지 낮아진 것이다.

빨리 명도를 진행하고 싶은 마음에 2~3일에 한 번씩 메모지를 붙이러 다녔다. 그러는 동안 자연스럽게 주민들과 인사를 나누는 사이가 됐다. 다섯 번째 갔을 때는 반장님을 직접 만나기도 했다. 차 한잔하자기에 반장님 집으로 가서 건물의 사연을 들을 수 있었다. 1차 빌라를 성공적으로 분양하고 2차를 짓던 중, 건설사 사장이 3차부터 13차까지 선분양한다며 집값을 먼저 받아놓고 고의적으로 부도를 냈다는 것이다. 내가 낙찰받은 빌라가 2차였다. 반장님은 건축이 끝나고 인테리어를 하던 도중 부도가 나서 주민들이 고생을 많이 했다며 한숨을 쉬었다. 뭔가 쉬쉬하는 분위기였던 게 혹시라도 소문이 나면 집값이 떨어질까봐 우려했기 때문인 듯했다. 내가 낙찰받은 집의 얘기도 들을 수 있었다. 한때는 친하게 지냈는데 공동 배관 수리비며 관리비 등을 내지 않아 사이가 멀어졌다고. 그날 해당 빌라 임차인의 전화번호를 알게 됐고 나는 먼저 연락을 취했다. 그는 내게 겁을 주고 싶어 하는 것 같았다.

"집 상태가 어떠냐고요? 말도 말아요. 사람 살 데가 못 되니까. 배관도 막히고 물도 안 나오고 인테리어 마감도 하나도 안 돼 있어요. 건축허가도 안 나서 준공도 아직 안 났어. 전에도 누가 낙찰을 받은 적이 있는데 집 상태를 보고 낙찰을 취소했어요. 그러니까 취소해요. 괜히 후회할 짓 하지 말고."

그는 거짓말을 섞어가며 설득하려 했지만 나는 개의치 않았다. 인테리어 마감이야 수리하면 그만이고, 배관이 막혔다 해도 업체를 불러 수리하면 된다. 비용이 문제지 수리가 불가능한 것은 아니었다. 내 의사를 분명히 전달하니 그는 이사비용 200만 원과 시스템 에어컨을 두고 가는 조건으로 300만 원을 요구했다.

에어컨은 건설사 사장이 도의적으로 해준 것이라는 걸 반장님한테 들어서 이미 알고 있는데, 임차인은 계속 거짓말을 하고 있었다. 나는 생각해 보겠다고 하고 전화를 끊었다.

며칠 후였다. 반장님으로부터 전화가 왔다.

"총각, 여기 좀 와서 봐 봐. 그 집에서 이사하면서 초인종까지 다 뜯어갔어."

"이사를요? 나한테는 그런 말 없었는데…."

"아무튼 빨리 와서 봐."

전화를 끊고 가보니 반장님 말대로였다. 혹시나 해서 열어보니 문이 열렸고, 나는 안으로 들어가지 않은 채 경찰에 신고를 했다. 경찰과 함께 내부를 살펴보려 했지만 아직 소유권 이전이 안 됐기 때문에 들어갈 수 없다고 했다.

초인종 도난 신고 접수를 하고, 그 자리에서 바로 전화를 걸었다.

"경매 진행 물건을 훼손하면 처벌받는다는 거 아십니까? 그러시면 안 되죠."

그가 목소리를 높였다.

"억울해서 그렇게는 못하지. 그런데 문은 어떻게 열었어? 주거 침입으로 신고할 테니 그리 알아."

전화를 끊자마자 신고를 했는지 와 있던 경찰들의 태도가 돌변해서 나에게 경위서를 작성하라고 했다. 참으로 황당한 일이었다. 며칠 후 연락이 갈 거라고 해서 나는 집으로 돌아왔고, 일주일쯤 후 연락이 왔다. 형사는 '반장과는 어떻게 아는 사이냐, 반장이 왜 당신을 불렀느냐' 등을 물으며 가해자 취급을 했다. 나는 법을 어긴 일도 없고 엄연히 피해자였다. 법원에 가서 집행관도 만나보고 경매계장님도 만나봤지만 역시 내가 알고 있는 게 맞았다. 경매 절차 중 해당 물건을 훼손하면 안 된다. 그 내용을 알려줬으나 형사는 피해자와 합의를 보라고만 했다.

환경미화 일을 하면서 경찰서에 드나들기도 여의치 않고, 어서 명도를 끝내고 공사를 진행하고 싶었기에 이사비용을 조금 주고 합의를 하기로 선택했다. 억울하고 불쾌했지만 내 감정보다는 경제적 이익에 집중하자고 마음을 먹었다.

합의 과정은 순탄치 않았다. 그는 어떤 날엔 술에 취해 횡설수설하고 어떤 날엔 들어보지도 못한 욕을 했다. 결국 이사비용 70만 원에 합의를 했다. 과정은 쉽지 않았지만 내가 생각한 금액에 명도를 끝낼 수 있어 다행이라 여겨졌다.

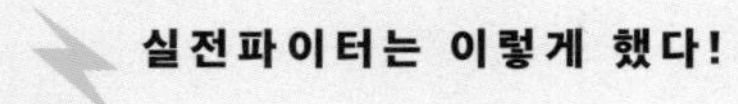

다양한 매각불허가 사유들
(민사집행법 제121조)

민사집행법 제121조에는 매각불허가 사유에 대해 아래와 같이 설명하고 있습니다.

1. 강제집행을 허가할 수 없거나 집행을 계속 진행할 수 없을 때
2. 최고가매수신고인이 부동산을 매수할 능력이나 자격이 없을 때
3. 부동산을 매수할 자격이 없는 자가 최고가매수신고인을 내세워 매수신고를 한 때
4. 최고가매수신고인, 그 대리인 또는 최고가매수신고인을 내세워 매수신고를 한 사람이 제108조 각호 가운데 어느 하나에 해당되는 때
5. 최저매각가격의 결정, 일괄매각의 결정 또는 매각물건명세서의 작성에 중대한 흠이 있는 때

6. 천재지변, 그 밖에 자기가 책임질 수 없는 사유로 부동산이 현저하게 훼손된 사실 또는 부동산에 관한 중대한 권리관계가 변동된 사실이 경매절차의 진행 중에 밝혀진 때
7. 경매절차에 그 밖의 중대한 잘못이 있을 때

최고의 수익을 가져다준 물건

파주시의 빌라는 수리 문제만 있을 뿐, 권리 관계가 문제인 물건은 아니었다. 그래서 수리비를 600만 원으로 넉넉히 책정하고 입찰한 터였다. 그런데 내부를 살펴보니 생각보다 수리할 곳이 더 많았다. 모든 조명기구와 아일랜드 식탁, 식기세척기, 시스템 에어컨 등 돈이 될 만한 물건은 죄다 떼어간 상태였고 일부러 훼손한 부분까지 있었다.

최대한 비용을 아끼면서 이 집에 가장 어울리는 인테리어를 할 방법을 고민했다. 생각 끝에 평범한 가정집보다는 카페 느낌의 인테리어를 하기로 결정했다. 해당 빌라에서 먹고 자면서 내가 수리할 수 있는 부분은 직접 하고 나머지는 업체에 맡겼다. 싱크대도 통째로 교체했다.

기존 인테리어를 최대한 활용해서인지 수리비는 400만 원이 들었다. 예상보다 200만 원 적은 비용으로 내 마음에 쏙 드는 카페 스타일 인테리어가 완성됐다.

조명, 벽돌 마감 등으로 카페 분위기를 낸 인테리어

주변의 같은 평수 빌라 시세가 보증금 1,000만 원에 월 80만 원이었는데 도배, 장판, 조명, 싱크대가 교체된 경우 월 90만 원에 계약이 되곤 했다. 나 역시 보증금 1,000만 원에 월 90만 원으로 월세를 내놓고 임차인 맞을 준비를 했다.

그런데 생각보다 임차인 들이기가 쉽지 않았다. 내 마음엔 들었지만 평범한 가정집 느낌이 아니다 보니 호불호가 갈리는 인테리어였던 것이다. 또 다른 이유는 주차장이었다. 1층에 사는 부부가 주차장 부지에 펜스를 치고 데크를 깔아 개인적으로 사용하고 있었다. 그 바람에 한 세대 한 대 주차가 불가능했다. 차가 있다면 이 집에 세 들어오기 꺼려지는 게 당연했다.

해결책이 필요했다. 일단 1층을 찾아갔다. 그런데 주인은 당당했다. 분양받을 당시 1층 전부를 사용하는 조건으로 계약을 했기 때문에 주차장까지 사용해야 한다는 것이었다. 아무 문제가 없다는 1층의 주장이 납득이 가지 않았다. 그래서 구청에 문의해 보니 그 땅은 주차장으로 허가가 났고 개인 용도로 사용할 수 없기 때문에 불법이며 철거 대상이라고 했다.

다시 1층을 찾아가 구청에서 답변받은 내용을 전달했지만 주인은 완강했다. 그 땅은 자기 땅이라고 했다. 그 후에는 나를 여러 번 찾아와 곧 수영장을 만들 계획인데 합의를 보지 않겠냐고 했다. 나도 물러서지 않았다.

"그 땅은 공용 부분입니다. 그리고 주차장은 주차하는 용도로 사용해야 하는 거 아닙니까?"

말이 통하지 않아 구청에서 건물 도면을 받아왔다. 도면을 보며 주차장 땅이 어디까지인지 확인하기 위해 펜스 안으로 들어갔다. 그러자 주인은 자신의 땅에 무단으로 침입했다며 경찰에 신고했다.

이 집에서만 벌써 두 번이나 주거침입 신고를 당했다. 결국 경찰서에가 조사를 받고 법원에 가서 소명도 했다. 하지만 판사는 내가 주거의 평온을 깨뜨리는 범죄를 저질렀다며 주거침입으로 벌금형을 내렸다. 생각지 못한 판결이었다. 구청에서는 주차장에 펜스를 치고 개인적으로 사용한 것을 불법으로 보고 강제이행금을 부과했다. 주거나 이에 준하는 시설을 불법적으로 점거하고 있는 경우에는 주거침입죄의 보호 대상이 될 수 없는데, 법원에서는 보호를 해준 것이다.

결국 1층 주인은 강제이행금 고지서를 두 차례 받고 나서야 펜스를 철거했다. 주차난이 해결되자 임차인도 구할 수 있었고 평온이 찾아왔다. 이 물건을 낙찰받은 죄로 경찰서를 오가고 벌금까지 냈다. 하지 않았으면 좋았을 경험이었다. 하지만 이를 통해 세상에는 정말 다양한 사람들이 있다는 사실을 알게 됐고, 법이 집행되는 방식에 대해서도 배웠다. 내가 몰랐던 세상에 대해 눈을 뜬 기분이었다.

경매 투자를 하다 보면 미처 예상치 못했던 일들을 겪게 되기도 한다. 하지만 그것이 두려워 도전하지 않는다면 돈을 벌 기회도 사라진다. 나 역시 예상치 못한 일을 겪으며 고생했지만 덕분에 호가 2억 6,000만 원 빌라의 소유권을 1억 2,600만 원에 취득할 수 있었다. 보증금 1,000만 원에 월세 90만 원으로 임차인도 구하게 되어 결과적으로는 성공적인 투자였다.

경매 투자도, 우리의 인생도 어떻게든 혼자 해결해야 하는 상황이 온다. 처음 경험하는 일이라 두려운 게 당연하다. 하지만 두려움에 잠식되면 의욕을 잃고 무기력해진다. 충분히 해결할 수 있는 일인데도 포기하고 만다.

'부자는 아무나 되나. 내 주제에 무슨 투자를 하겠다고….'

'다 집어치우고 도망가고만 싶다.'

이럴 때는 두려움이라는 감정을 잠시 접어두고 무엇이 나를 두렵게 하는지 생각해 보는 것이 중요하다. 대부분은 돈 때문에 두렵고 불안하고 걱정이 될 것이다. 손해를 볼까 봐, 수리비가 많이 나올까 봐, 공실이 길어질까 봐 등등. 그러니 최악의 경우까지 미리 염두에 두고 입찰해야 하고, 생각지도 못했던 일을 맞닥뜨리더라도 침착하게 문제를 풀어나가면 된다. 모든 게 사람이 하는 일이라 해결책은 있게 마련이다.

실전파이터의 경매 노트 파주시 2층 빌라

낙찰가	1억 2,600만 원
대출금	1억 800만 원
대출금리	2.7퍼센트
임대 보증금	1,000만 원
월세	90만 원
기타 비용	약 1,480만 원
실투자금	약 2,280만 원
연 수익금	약 788만 원
연 수익률	약 34퍼센트

08

취득세를 내더라도 이익이 남는 물건

파주시 1층 빌라

이 빌라는 보는 순간, 내가 살고 싶다는 생각이 들었다. 여러 개의 동이 단지를 이루고 있는 준신축 빌라로 관리가 잘돼 있었고, 1층이라 데크가 깔려 있는 테라스에 두 평 남짓한 텃밭도 있었다. 방은 3개, 화장실도 2개였다. 이런 집에 살면 참 좋겠다 싶었다.

주변 시세는 잘 알고 있었다. 근처에 이미 투자한 빌라가 하나 더 있었기 때문이다. 그래도 부동산중개소 몇 군데에 전화해 보니 내가 아는 정보와 다를 게 없었다. 전세와 월세 모두 물건이 부족했고 특히 월세가 귀한 동네였다. 부동산중개소에서는 임차인이 금방 구해질 거라고 했

경매 정보지에 실린 파주시 1층 빌라 전경

다. 입찰을 하지 않을 이유가 없었다.

마침내 1억 2,600만 원에 낙찰을 받았다. 현재 시세는 낙찰금의 두 배 가까이 되어 취득세 12.6퍼센트를 제하고도 충분히 남는 투자였다. 그 사이 여러 건의 패찰이 있었기에 나는 오랜만의 낙찰이 좋기만 한데 오히려 주위에서 걱정을 했다.

은행에 대출을 받으러 갔을 때도 아파트도 아닌 빌라에, 취득세도 12퍼센트나 되는데 잘못 낙찰받은 것 아니냐고 물어볼 정도였다. 일일이 설명할 수 없어 답답했지만 한편으로는 자기 일처럼 걱정해주니 고맙기도 했다.

협상의 기술

메모지를 붙여놓고 온 지 2주가 지났을 때 모르는 번호로 전화가 왔다. 제설작업 시즌이라 바빠서 2주가 지난 줄도 모르고 있었다. 연락을 해준 사람은 채무자의 누나였다. 동생이 작은 공장을 운영했는데 사정이 나빠져 공장과 집의 대출이자도 못 내 경매가 진행됐다며, 형편이 어려워 당장은 이사를 못 가겠으니 양해해달라고 했다.

어쨌든 이사를 가겠다고 하니 안심이었다. 사업체에도 채무가 많으니 월세를 제대로 못 낼 가능성이 컸기 때문이다. 이런 분을 임차인으로 받는다면, 월세가 들어오지 않는 상황에서 대출이자까지 감당해야 하고 임대인이 을의 입장이 되어 임차인에게 끌려다니게 된다. 돈은 둘째치고 스트레스가 심할 수 있어 투자를 이어나가기가 힘들다.

우선 한 달의 여유를 드리겠다고 하고 다시 연락을 달라고 했다. 3주쯤 지났을 때 전화가 왔다. 채무자였다. 그는 재수 없는 놈이 낙찰을 받아서 내가 이사를 가야 한다며 욕설을 퍼부었다. 멀쩡한 사람도 설득이 어려운데 만취한 사람은 더 힘들기에 전화를 끊었다.

시간은 점점 가고, 채무자와는 말이 통하지 않을 것 같아 수리할 부분이 없는 경우 이사비용을 주는 조건으로 채무자의 누나와 협의를 시도했다. 여러 개의 사진과 동영상으로 내부를 확인한 결과 딱히 수리할 곳이 없어 보여 다시 한 달의 시간과 70만 원의 이사비용으로 협의를 마쳤다.

드디어 이삿날, 현관 비밀번호를 받아 집 안에 들어가봤다. 벌어진 바닥 몰딩, 상판에 금이 간 싱크대 외에는 문제가 없어 이사비용을 보내드렸다. 며칠 후 퇴근하고 다시 갔을 때는 화장실 바닥에 붉은 기름기 같은 게 보였다. 혹시나 해서 물을 흘려 보니 배수구를 따라 잘 내려가서 청소만 하고 수리를 진행했다. 그렇게 30만 원을 들여 깨끗한 집으로 만들었다. 부동산중개소에서 전화가 걸려온 것은 눈을 치우느라 정신이 없을 때였다.

"큰일 났습니다. 화장실이랑 베란다 쪽에 물이 역류해 올라오고 있어요. 물이 조금만 더 넘치면 주방 마룻바닥까지 다 교체해야 할 수도 있어요."

"제가 일하는 중이라 당장은 갈 수가 없어요. 일 끝나고 가볼게요. 지금도 계속 올라오나요?"

"네. 빨리 조치를 취하셔야겠어요. 집 보러 오신 분은 다른 집을 구하겠대요."

상황이 심각한 듯해 친구를 대신 보냈다. 다행히 더 이상 물이 넘치지는 않는다고 했다. 집에는 보통 두 가지 배관이 있다. 주방이나 욕실에서 사용한 물이 내려가는 배관과 변기와 연결된 배관. 둘 다 막혔을 가능성이 컸다. 저녁에 직접 가서 확인해본 결과 문제는 공동 배관에 있었다. 일부가 막혀 있어 물 사용량이 늘어나면 1층으로 역류하는 것이었다.

공동 배관의 문제라 동 대표 등 주민 대표와 풀어나가는 것이 가장 좋은 방법이었다. 나는 동 대표에게 연락해 상황을 설명하고 수리를 부탁했다. 돌아온 대답은 "고쳐 줄 수 없다"였다. 이유를 물으니 지난 2년간 전 소유자가 월 2만 원의 관리비를 내지 않았기 때문이라고 했다. 나로서는 억울했지만 감정을 배제하고 전략적으로 접근했다. 나는 우선 수리를 하고 비용을 청구하겠으니 그렇게 알고 계시라고 장문의 메시지를 보냈다.

얼마 지나지 않아 주민들 단체 대화방에서 찬반 투표로 결정하겠다는 답장이 왔다. 내 전략이 통한 것이다. 다행히 그동안 모아둔 관리비로 처리하는 것에 주민들이 동의해주어 원만하게 해결이 됐다.

누가 이 문제를 풀 것인가

경매 투자, 특히 명도를 하다 보면 거의 매번 처음 겪는 일이 일어난다. 처음 겪는 문제와 맞닥뜨렸을 때, 누가 이를 풀어줄 수 있는지 생각하다 보면 해결책이 보일 때가 많다. 때로는 스스로 돈을 써서 해결해야 할 경우도 있고, 때로는 예상치 못한 제삼자가 도움을 줘 수월하게 해결되는 경우도 있다.

이러한 문제 해결을 통해 작은 성공의 경험들이 쌓이다 보면 자존감이 올라간다. 회피하지 않고 적극적으로 대처하는 한 언제나 길은 있기 마련이다.

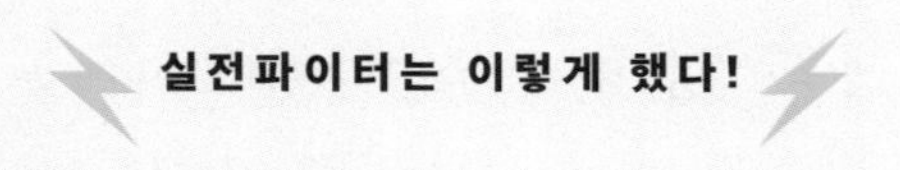

간단 경매 정보지 분석

권리분석은 간단했지만 많은 수익을 가져다주었던 사례입니다. 취득세 중과, 반복되는 패찰 등 어려운 상황에서도 성공적인 투자를 할 수 있다는 것을 확인했습니다.

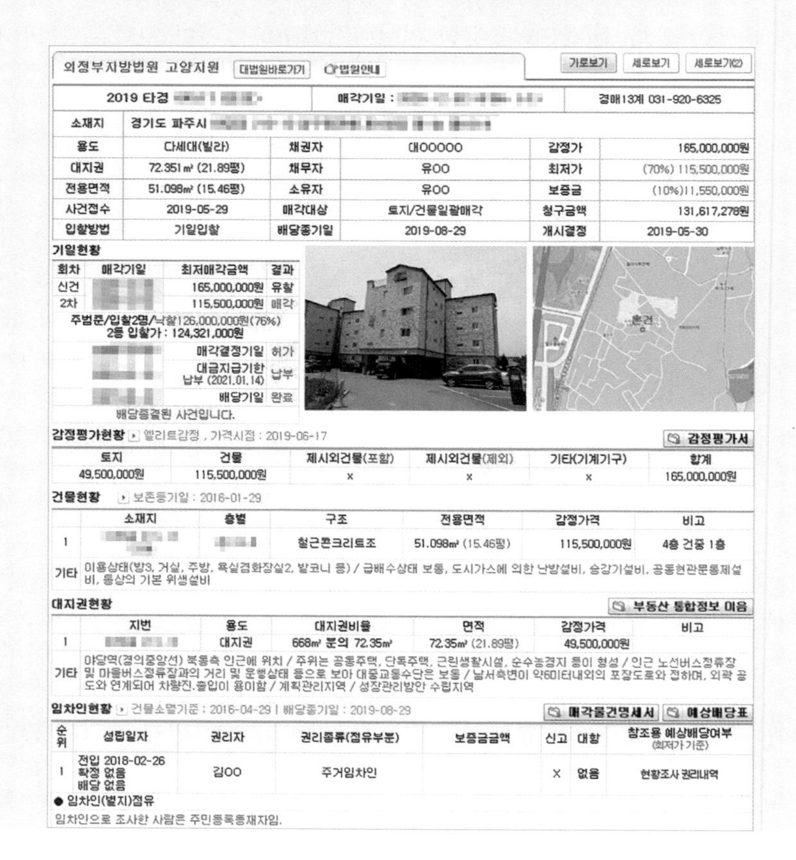

의정부지방법원 고양지원 대법원바로가기 법원안내 가로보기 세로보기 세로보기(2)

2019 타경	매각기일 :	경매13계 031-920-6325

소재지	경기도 파주시				
용도	다세대(빌라)	채권자	대OOOOO	감정가	165,000,000원
대지권	72.351㎡ (21.89평)	채무자	유OO	최저가	(70%) 115,500,000원
전용면적	51.098㎡ (15.46평)	소유자	유OO	보증금	(10%)11,550,000원
사건접수	2019-05-29	매각대상	토지/건물일괄매각	청구금액	131,617,278원
입찰방법	기일입찰	배당종기일	2019-08-29	개시결정	2019-05-30

기일현황

회차	매각기일	최저매각금액	결과
신건		165,000,000원	유찰
2차		115,500,000원	매각
주범준/입찰2명/낙찰126,000,000원(76%) 2등 입찰가 : 124,321,000원			
		매각결정기일	허가
		대금지급기한 납부 (2021.01.14)	납부
		배당기일	완료
배당종결된 사건입니다.			

감정평가현황 엘리트감정 , 가격시점 : 2019-06-17 감정평가서

토지	건물	제시외건물(포함)	제시외건물(제외)	기타(기계기구)	합계
49,500,000원	115,500,000원	x	x	x	165,000,000원

건물현황 보존등기일 : 2016-01-29

	소재지	층별	구조	전용면적	감정가격	비고
1			철근콘크리트조	51.098㎡ (15.46평)	115,500,000원	4층 건중 1층
기타	이용상태(방3, 거실, 주방, 욕실겸화장실2, 발코니 등) / 급배수상태 보통, 도시가스에 의한 난방설비, 승강기설비, 공동현관문통제설비, 통상의 기본 위생설비					

대지권현황 부동산 통합정보 이용

	지번	용도	대지권비율	면적	감정가격	비고
1		대지권	668㎡ 분의 72.35㎡	72.35㎡ (21.89평)	49,500,000원	
기타	야당역(경의중앙선) 북동측 인근에 위치 / 주위는 공동주택, 단독주택, 근린생활시설, 순수농경지 등이 형성 / 인근 노선버스정류장 및 마을버스정류장과의 거리 및 운행상태 등으로 보아 대중교통수단은 보통 / 남서측변이 약6미터내외의 포장도로와 접하며, 외곽 공도와 연계되어 차량진.출입이 용이함 / 계획관리지역 / 성장관리방안 수립지역					

임차인현황 건물소멸기준 : 2016-04-29 | 배당종기일 : 2019-08-29 매각물건명세서 예상배당표

순위	성립일자	권리자	권리종류(점유부분)	보증금금액	신고	대항	참조용 예상배당여부 (최저가 기준)
1	전입 2018-02-26 확정 없음 배당 없음	김OO	주거임차인		X	없음	현황조사 권리내역

● 임차인(별지)점유

임차인으로 조사한 사람은 주민등록등재자임.

입지분석

- 도보 5분 이내 지하철역이 있고, 역세권 상권을 이용할 수 있다.

물건분석

- 전용면적 15평의 쓰리룸으로 빌라 투자하기 좋은 평수다.
- 약 4년 정도 된 엘리베이터가 있는 준신축 빌라로 신혼부부나 사회 초년생이 살기 적합하다.
- 1층이라 테라스와 텃밭을 이용 가능하다.
- 확장형이라 방이 크다.

건물 등기 사항 ▸ 건물열람일 : 2020-10-14 　등기사항증명서

구분	성립일자	권리종류	권리자	권리금액	상태	비고
갑1	2016-01-29	소유권	문OO		이전	보존
갑2	2016-02-03	소유권	유OO		이전	매매
을2	2016-04-29	(근)저당	대OOOOO	122,400,000원	소멸기준	(주택) 소액배당 5000 이하 1700 (상가) 소액배당 3000 이하 1000
을3	2016-04-29	(근)저당	대OOOOO	33,600,000원	소멸	
을5	2016-06-14	(근)저당	박OO	39,000,000원	소멸	
갑9	2019-05-31	임의경매	대OOOOO	청구: 131,617,278원	소멸	

권리분석

- 말소기준권리는 을구 2에 해당하고 을구 2 이하는 모두 소멸되어 낙찰자가 인수할 금액이 없다.
- 2016년 근저당 설정 이후 전입신고하였으므로 임차인은 대항력이 없다.
- '임차인 현황' 기록에 따르면 임차인은 주민등록등재자다.
- 인수할 금액이 없으므로 안전한 물건에 해당한다.

시세분석

- 1회 유찰돼 시세보다 가격이 저렴하다.

- 주변 시세는 보증금 1,000만 원에 월세 90만 원으로 형성돼 있다.

실전파이터의 경매노트 파주시 1층 빌라

낙찰가	1억 2,600만 원
대출금	9,900만 원
대출금리	3.2퍼센트
임대 보증금	1,000만 원
월세	90만 원
기타 비용	약 1,670만 원
실투자금	약 3,370만 원
연 수익금	약 763만 원
연 수익률	약 23퍼센트

※ 기타 비용에 취득세(12.6퍼센트)가 포함되었다.

09

반드시 경매가 아니어도 괜찮아

인천시 계양구 작전동 재개발 빌라

수많은 부동산 책을 보면 한결같이 시세차익이 중요하다고 말한다. 나도 부동산 공부를 처음 시작할 때 이왕이면 시세차익을 많이 보는 투자를 하고 싶었다. 그래서 스스로 계속 이런 질문을 했던 것 같다.

'시세차익이 가장 많이 나는 물건은 무엇일까?'

'시세차익은 어떤 메커니즘으로 발생하는 거지?'

열심히 알아보니 아파트 투자를 할 때 보통 시세차익을 기대한다고 했다. 어떤 지역을 대표하는 아파트의 시세가 오르면 주변 아파트들이 키 높이를 맞추며 가격이 따라 올라가는 원리다. 부동산 상승장에서 주로 이뤄지며 그 지역의 대장 아파트를 저평가일 때 매매하는 게 투자의 핵심이다.

내가 부동산 투자에 관심을 가졌던 시기는 상승장의 초입으로 많은 투자자가 앞다투어 전세를 끼고 매매하여 보유 아파트를 늘려나가고 있었다. 나도 이 행렬에 참여하고 싶었지만 내 돈 전부를 끌어모아도 실투자금이 부족했다. 차디찬 현실을 인정하고 적은 돈으로 할 수 있는 투자가 무엇인지 계속해서 고민했다. 그러던 중 퍼뜩 이런 아이디어가 떠올랐다.

'만약 오래된 빌라가 신축 아파트가 된다면 가장 많은 수익을 얻을 수 있지 않을까?'

사실 너무 당연했지만 그동안 경매에 파묻혀 잊고 있던 생각이었다. 그 길로 인천시 계양구 작전동으로 향했다. 혹시 재개발 혹은 재건축이 될 물건을 발견할까 싶어서 산책도 할 겸 현장 조사에 나섰다. 우연이었을까, 운명이었을까. 작전동 일대를 샅샅이 돌아다니다가 지하철역 근처, 조금 더 안쪽 구축 빌라 사이에 한 현수막을 보게 됐다.

"○○빌라 재개발을 축하합니다."

현수막을 보자마자 마음이 설렜다. 혹시나 하는 마음에 부동산에 가서 재개발 예정 빌라 매물이 있는지 물어봤다.

"안녕하세요. 소장님. ○○빌라 재개발에 관심 있는데요. 혹시 매물 나온 게 있나요?"

"네. 마침 잘 왔어요. 매물이 있기는 한데, 요즘 다들 분양 물건만 찾고 오래된 빌라에는 관심이 없어서 잘 안 나가네요."

소장님은 때마침 빌라 두 채가 매물로 있다고 했다. 한 채는 아파트 재개발 시 26평형을 받을 수 있는 빌라였고, 다른 하나는 34평형 한 채를 받을 수 있는 빌라였다. 물건이 없을 줄 알고 왔는데 물건이 있다고 하니 의심되기 시작했다. 그때부터 소장님께 하나부터 열까지 짚어가면서 상세하게 물어봤다. 재개발 동의율은 몇 퍼센트인지, 조합설립인가를 받았는지, 언제쯤 완공 예정인지 등을 세세하게 점검한 뒤 부동산을 나왔다.

그 이후에도 여러 번 확인하기 위해 다른 부동산에 가서 똑같은 질문을 했다. 약간의 차이만 있을 뿐 재개발은 착실히 진행되고 있고, 게다가 이 일대 전체가 개발될 예정이라고 했다. 처음 해보는 재개발 투자여서 알아볼 것이 많았지만 생각해 볼수록 수익이 확실할 것 같다는 직감이 들었다. 무념무상으로 길거리를 청소하면서 일주일 정도를 고민하고 나서야 무조건 그 빌라를 구입해야겠다고 마음먹었다.

그렇다면 26평형과 34평형 중에 어떤 빌라를 선택해야 할까. 부동산 소장님은 34평형을 추천했지만 내가 보유한 투자금으로는 돈이 조금 모자랐다. 그리고 아직 재건축에 대한 경험과 확신이 없어 34평보다는 시세차익이 적더라도 리스크가 적은 26평형을 선택했다.

집값은 1억 3,000만 원이었고 대출 7,000만 원을 받아 매매했다. 당시 세입자가 보증금 2,000만 원 월세 39만 원에 살고 있어서 실투자금은 4,000만 원이었다. 월세를 받아 대출이자를 내면 남는 것은 없었지만 투자금이 적게 묶이면서 대출이자도 감당할 수 있으니 마음 편하게 3년을 기다렸다.

2021년 드디어 조합원 공급 계약서를 작성하고 계약금을 납부했다. 아파트는 2024년 입주 예정이다.

투자할 때 익숙한 대로 하는 것도 중요하지만 돈 되는 기회가 보이는데 머뭇거리면 안 된다. 기존에 해왔던 방식이 아니라도 과감히 뛰어드는 자세가 필요하다. 물론 치밀한 공부는 선행돼야 한다.

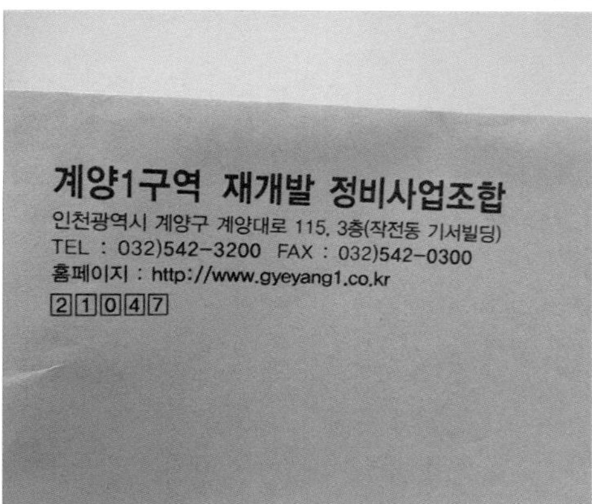

계양1구역 재개발 아파트 공사 현장과 조합 서류 봉투

내 투자의 토대는 월세를 쌓아가며 시스템을 만드는 방법이었지만 저평가 물건을 적극적으로 발굴하는 노력도 게을리하지 않았다. 지역 시세를 늘 확인하고 부동산에 급매 현황 등을 문의해 정보를 주기적으로 업데이트하다 보면 경매 물건보다도 더 좋고 저렴한 물건을 발견할 수 있다. 경매 물건은 입지, 건물 상태 등 하나 정도가 늘 아쉽기 마련인데 매매해서 산 물건은 전방위에서 만족스러울 확률이 높다.

작전동의 재개발 아파트를 발견한 것은 우연이었지만 전국에는 이와 비슷한 매물들이 종종 등장한다. 단지 당신이 발견하지 못했을 뿐이다. 언제나 눈을 크게 뜨고 기회를 포착하도록 준비를 해두자.

실전파이터의 경매노트 인천시 계양구 작전동 재개발 빌라

매수가격	1억 3,000만 원
대출금	7,000만 원
대출금리	2.8퍼센트
임대 보증금	2,000만 원
월세	39만 원
기타 비용	200만 원
실투자금	4,200만 원
연 수익금	약 272만 원
연 수익률	약 6퍼센트

※ 재개발로 인한 시세차익을 제외한 수익률이다.

제3장

무작정 따라 하면 돈 버는 경매 투자의 기술

01

이제 경매를 시작해볼까

구체적인 과정을 설명하기에 앞서 이런 말을 해두고 싶다. 경매의 기본 개념과 절차와 사례 등을 설명한 책은 많지만, 자신의 경험을 모두 공개하며 이를 바탕으로 진솔하게 쓴 책은 드물다.

나는 이론부터 실전까지, 내가 직접 수익을 만들어냈던 방법과 구조를 바탕으로 이 책을 썼다. 처음에는 모르는 용어들이 많아 헷갈릴 수 있다. 그러나 실전부터 시작한다는 마음으로 내 방법을 따라 하다 보면 자연스럽게 어렵던 용어들의 의미를 이해하게 될 것이다. 마지막으로 이것 하나만 기억해두고 공부에 임하자.

경매 낙찰은 누구나 받을 수 있다.

그러나 수익은 누구나 낼 수 없다.

먼저 전체 프로세스를 살펴보는 게 중요하다. 경매 투자는 크게 두 가지 단계, 낙찰받기 전과 후로 나뉜다. 낙찰받기 전은 물건 검색과 시세 확인, 그리고 입찰을 무한 반복하는 일이다. 끈질기게 하다 보면 결국 좋은 물건을 낙찰받을 수 있다. 그러나 진짜 투자는 낙찰받은 후부터 시작이다. 지루하고 혹독한 싸움인 명도와 인테리어 등을 거쳐야 진정한 내 집이 된다.

경매에서는 금액이 작아도 쉬운 물건이 아니고, 비싸다고 어려운 물건도 아니다. 오직 시세보다 얼마나 저렴하게 경매에 나왔는지가 중요하다. 부동산 시장이 상승장일 때는 감정평가금액이 대부분 시세보다 저렴하지만, 하락장일 때는 오히려 고평가될 수도 있다. 그럴 때는 적절한 가격으로 유찰될 때까지 기다리면서 상황을 봐야 한다.

경매에서는 수많은 문제가 갑자기 각기 다른 모습을 하고 나타난다. 생각지도 못했던 건물 하자가 등장하는 것은 기본이고, 높은 금액의 임차인 전세금을 낙찰자가 되돌려줘야 하는 억울한 상황이 발생하기도 한다. 그래서 반드시 투자 전에 선행돼야 하는 것이 '권리분석'이다(혹은 간단한 권리분석만 해도 되는 물건을 고르는 것이다). 권리분석은 부동산의 권리 상태를 파악하는 것을 말한다. 등기부등본(등기사항전부증명서)을 열람하면 알 수 있지만 유료 경매 정보 사이트에서는 전문가가 분석한 각

물건의 권리 내용을 한눈에 볼 수 있다. 권리분석에 대해서는 따로 자세히 알아보자.

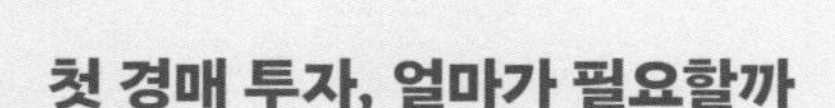

첫 경매 투자, 얼마가 필요할까

연봉, 자산 등이 모두 달라 투자금도 천차만별일 것입니다. 투자를 시작할 당시 공무직인 환경미화원으로 근무하고 있었던 저는 1억 원을 대출받아 몇천만 원씩 분할하여 여러 건의 투자를 진행했습니다. 절대 잃으면 안 되는 돈이기에 가장 저렴한 지역, 안전한 매물을 위주로 알아봤습니다.

저는 대출을 받아 투자를 시작했지만 이 방법은 그다지 추천하고 싶지 않습니다. 상당히 불안하거든요. 경매 투자 자금으로 3,000만~1억 원 정도의 돈을 직접 차곡차곡 모아서 투자를 해보시길 바랍니다. 대출받은 돈이라면 금리뿐만 아니라 심리적 불안감도 투자에 반영됩니다. 실패해도 현재에 큰 타격이 없는 자금으로 투자를 시작하세요.

그리고 기억하세요. 투자는 '몰빵'이 아니라 '분할'입니다. 적은 돈으로 시작해서 경험을 많이 늘려나가는 게 중요합니다. 한 번에 수억짜리의 물건에 투자하기보다는 꾸준히 횟수를 늘려 경매 투자에 익숙해져야 해요. 그러다 보면 자연스럽게 자본가의 길로 한 걸음씩 나아가게 됩니다.

경매의 전체 과정 살펴보기

경매의 전 과정을 세부적으로 살펴보면 아홉 단계로 나뉠 수 있다. 물건에 따라 경험에 따라 생략할 수도 있지만 대부분 이 단계별로 밟아 나간다. 경매를 하다 보면 때론 낙찰을 받지 못해 물건 검색, 권리분석, 입찰의 구간을 반복할 때가 있다. 그래도 낙담하지 않고 계속 시도하는 게 중요하다.

실력별로 어려움을 느끼는 구간도 다르다. 초보자들은 낙찰 전 단계가 어려울 것이고, 고수들은 낙찰 후 단계가 번거롭게 느껴질 것이다. 이렇게 생각해 보면 어떨까. 낙찰 전은 나 혼자만의 생각, 노력 등으로 해결이 가능한 영역이다. 그러나 낙찰 후는 사람 간의 관계 속에서 일어나는 일이다. 인테리어 업자와의 관계, 임차인과의 관계 등 서로의 이해관계들이 얽히고설켜 있다. 이를 슬기롭게 풀어나가면 복잡한 일도 의외로 간단하게 해결된다.

경매의 본질을 이해하자. 결국 사람이다. 경매 정보지를 보고 있노라면 한 사람 인생의 흥망성쇠가 느껴진다. 물건마다 수익을 내는 것도 물론 중요하지만 '그 안에 누군가의 삶이 있다'라는 사실을 잊지 말자.

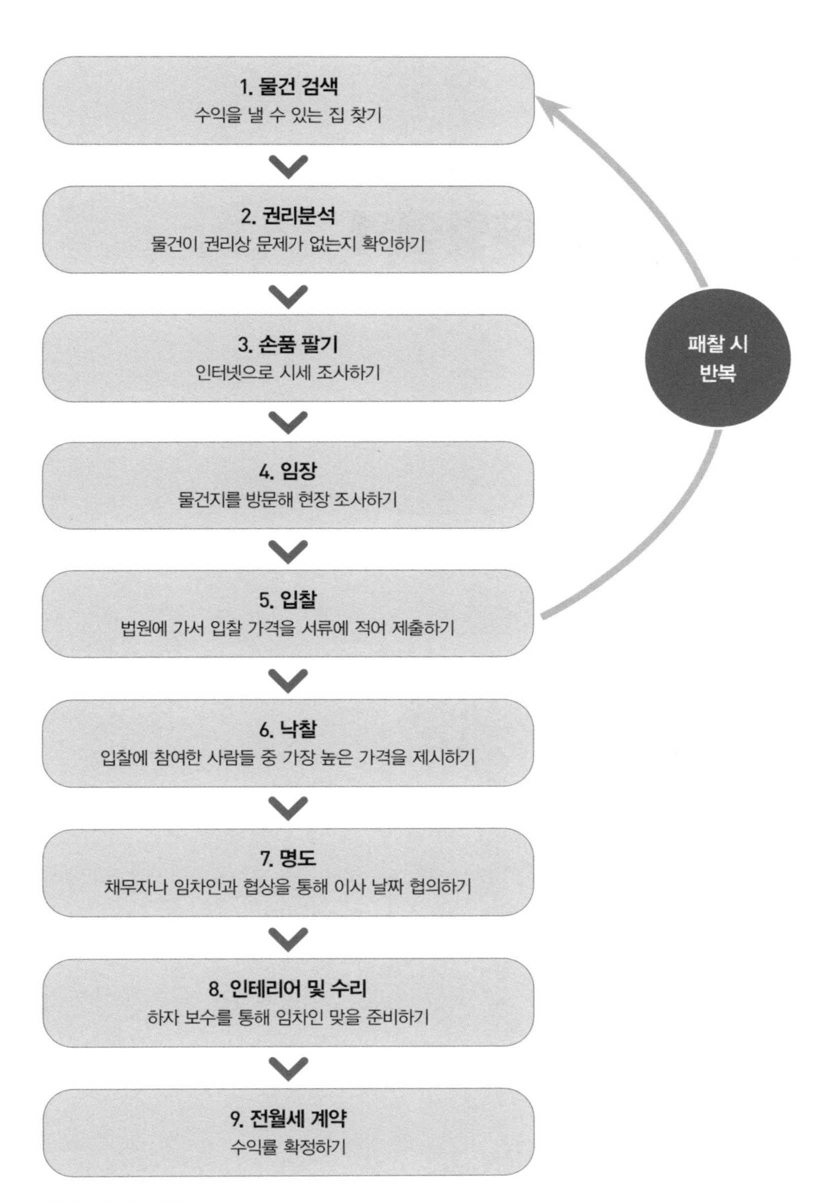
1. 물건 검색
수익을 낼 수 있는 집 찾기
2. 권리분석
물건이 권리상 문제가 없는지 확인하기
3. 손품 팔기
인터넷으로 시세 조사하기
4. 임장
물건지를 방문해 현장 조사하기
5. 입찰
법원에 가서 입찰 가격을 서류에 적어 제출하기
6. 낙찰
입찰에 참여한 사람들 중 가장 높은 가격을 제시하기
7. 명도
채무자나 임차인과 협상을 통해 이사 날짜 협의하기
8. 인테리어 및 수리
하자 보수를 통해 임차인 맞을 준비하기
9. 전월세 계약
수익률 확정하기
패찰 시
반복

경매의 전체 과정

02

좋은 물건이란 무엇인가

이제 본격적으로 어떻게 초보자도 쉽게 좋은 물건을 고를 수 있는지 알아보자. 제2장에서 경매 물건은 어디서 찾을 수 있는지 간단히 설명했다. 더 구체적으로 말하자면 우선 대한민국법원 법원경매정보, 네이버부동산경매, 경매마당, 윈스옥션 등 무료로 이용할 수 있는 사이트가 있고 스피드옥션, 지지옥션, 탱크옥션, 옥션원 등 유료 경매 정보 사이트도 있다.

유료 사이트 이용 가격은 전국 물건 검색, 1년 사용 기준으로 65만 원에서 약 115만 원까지인데 서울 및 수도권, 충청, 부산 등 원하는 지역만 이용할 경우 가격이 낮아진다. 1개월, 3개월, 6개월 단위로 이용할 수도 있다(2023년 기준).

내가 이용하는 곳은 스피드옥션으로 유료 사이트 가운데 가장 저렴하다. 처음에는 무료 사이트에서 물건을 검색했지만, 아무래도 유료 사이트가 일목요연하게 정보가 정리되어 보기 편하다. 권리의 '소멸' 또는 '인수'라는 표시로 입찰할 수 없는 물건을 1차로 필터링해주기도 해서 시간을 아낄 수 있다. 이제 실전에서 어떻게 물건을 찾는지 하나하나 설명하도록 하겠다.

간단한 문제 vs. 복잡한 문제

부동산 경매 정보 사이트에서 물건 찾는 법은, 일단 지역을 설정한다. 초보자의 경우 내가 잘 아는 지역부터 차근차근 검색을 해나가는 것이 중요하다. 서울시나 경기도처럼 광범위한 지역보다는 구 단위로 범위를 좁혀 검색한다. 그렇게 물건 검색이 익숙해지면 지역을 넓혀가면서 투자의 시각도 함께 넓혀가는 것이 좋다.

지역을 선택했다면 물건의 종류는 '주거용'으로 체크한다. 빌라는 대부분 주거용이기 때문이다. 같은 이유로 정렬 순서는 '최저가순'으로 한다. 대개 아파트보다 매매가가 저렴하기 때문에 빌라 위주로 물건을 볼 수 있다.

검색조건입력

법원 본원전체 지원전체 / 사건번호 전체 타경

소재지 경기 고양시 동/읍 선택 / 명칭검색 소재지/건물명칭

현황용도 주거용 복수해제 / 매각기일 2022-11-23 ~ 2023-02-23

☑ 주거용	☑ 아파트	☑ 주택	☑ 다세대(빌라)	☑ 다가구(원룸등)	☑ 근린주택
	☑ 오피스텔(주거)	☑ 도시형생활주택	☑ 빌라형아파트	☑ 농가주택	
☐ 상업용	☐ 근린시설	☐ 근린상가	☐ 상가	☐ 상가(점포)	☐ 상가(주택)
	☐ 아파트형공장	☐ 숙박시설	☐ 주유소	☐ 오피스텔(업무)	☐ 병원
	☐ 아파트상가	☐ 창고	☐ 상가(사우나)	☐ 목욕탕	☐ 노유자시설
	☐ 장례식장	☐ 공장			
☐ 토지	☐ 대지	☐ 임야	☐ 전	☐ 답	☐ 과수원
	☐ 잡종지	☐ 공장용지	☐ 도로	☐ 구거	☐ 유지
	☐ 목장용지	☐ 수도용지	☐ 철도용지	☐ 체육용지	☐ 창고용지
	☐ 제방	☐ 하천	☐ 유원지	☐ 사적지	☐ 광천지
☐ 기타	☐ 축사	☐ 콘도	☐ 학교	☐ 주차장	☐ 묘지
	☐ 광업권	☐ 어업권	☐ 농가관련시설	☐ 종교시설	☐ 기타
	☐ 염전	☐ 양어장	☐ 종교용지		
☐ 차량외	☐ 승용자동차	☐ 승합자동차	☐ 화물자동차	☐ 중장비	☐ 덤프트럭
	☐ 선박	☐ SUV	☐ 차량기타		

스피드옥션의 종합검색 화면

초보자의 경우 권리분석이 간단한 물건을 먼저 필터링하는 게 우선이다. 모든 경매 물건은 무언가 문제가 있어서 나오는 것이지만, 그 문제는 아래 두 가지로 나뉜다.

- 복잡한 문제
- 간단한 문제

초보자는 어떤 물건을 골라야 할까? 물론 간단한 문제의 물건이다. 혹자는 '문제가 복잡할수록 수익률이 높다'라고 하는데 100퍼센트 맞

는 말은 아니다. 물론 복잡한 문제의 물건일수록 경쟁자가 줄어 높은 수익률의 물건을 단독으로 낙찰받을 수 있다.

그러나 막상 해보면 간단한 물건도 복잡한 물건만큼 수익률이 보장되는 것들이 상당히 많다. 수익률은 숫자와 연관 있지, 문제의 복잡성과는 관계없다. 안전한 물건들 위주로 선별하는 데에도 많은 시간이 걸린다. 이는 초보자는 간단하고, 안전하며, 수익이 나는 물건에 집중하면 된다는 의미다. 나 또한 경매 초보 시절 이런 물건만으로도 안정적인 수익을 냈고 계속 투자할 수 있는 원동력이 되었다.

그러다가 조금씩 경매에 익숙해지고 경력이 생기면 도전할 만한 물건은 많아진다. 내가 생각하는 물건의 난이도는 아래와 같다. 이 책에서는 주로 난이도 하 혹은 중인 물건을 위주로 다룰 것이다. 이것만 알아도 투자할 좋은 물건은 많기 때문이다. 고수가 될수록 물건을 분별하는 안목이 높아지는 것은 물론이다. 구체적 용어들이 생소할 테지만 지금은 일단 이런 기준이 있다는 정도만 알아두자.

난이도 하

① 임차인이 없는 경우

② 임차인의 전입신고일이 최선순위 설정보다 늦은 경우

난이도 중

① 선순위 임차인의 보증금을 알고 이를 활용할 수 있는 경우

② 선순위 임차인이 배당 요구를 한 경우

난이도 상

① 임차인에게 대항력은 있지만 그 대항력을 포기한 경우

② 매각으로 소멸되지 않고 인수되는 권리가 있는 경우

실력과 상관없이 쳐다봐서도 안 되는 물건들도 물론 있다. 바로 집값보다 전세금이 높은 경우다. 이를 테면 집값이 2억 원인데 전세 보증금이 2억 5,000원인 경우는 요즘 흔히 문제가 되는 깡통 빌라다. 이런 위험한 물건은 되도록 피하자. 또 어떤 빌라는 전세 세입자만 낙찰받을 수 있게 제한이 걸려 있기도 하다. 이런 물건은 대부분 신축 빌라이다 보니 외관상 깨끗한 빌라일수록 경계심을 가져야 한다.

03

위험한 물건만 피해도 절반은 성공이다

경매 초보자들은 반드시 안전한 물건을 알아보는 눈이 있어야 한다. 경매에 대한 지식도 별로 없는데 어떻게 이런 물건들을 구분할 수 있을까? 가장 쉬운 방법이 있다. 바로 위험 물건을 제외하는 방법이다.

유료 경매 정보 사이트에서는 자동으로 위험 물건을 제외하는 필터링을 제공한다. 여기서 위험 물건의 정의를 다시 해야 할 것 같다. 이 책에서 위험 물건은 초보자에게 권리분석이 까다로운 물건을 의미한다. 같은 물건이더라도 경매 경험이 많은 사람에게는 위험하지 않을 수 있다. 하지만 당신은 초보자다. 위험 물건은 절대 피하자.

안전한 물건을 선별한다

내 경험상으로 70~80퍼센트는 안전한 물건이고, 20~30퍼센트는 위험한 물건이다. 그렇다면 초보자가 피해야 할 물건이란 무엇일까? 유료 경매 정보 사이트에서 지역을 나눠 검색한 뒤, 목록에 붉은색으로 아래와 같은 단어가 보이면 일단 거르자.

초보자가 피해야 할 물건

- 건물만 매각
- 지분 매각
- 법정지상권
- 유치권
- 대항력 있는 임차인(수익률을 살펴봐야 한다)
- 위반건축물
- 지분물건

이제 안전한 물건의 성격에 대해 알아보자. 빌라 경매 투자는 대부분 (근)저당, (가)압류 물건으로 수익을 낸다. 다른 물건에 비해 권리분석이 간단하며, 특수한 상황이 비교적 덜 생기기 때문이다. 그러나 해당 조건이어도 다른 부분에서 문제가 발생할 수 있다는 걸 반드시 염두에 두자.

비교적 안전한 물건

- (근)저당
- (가)압류
- 전세권
- 경매기입등기
- 담보가등기

비교적 안전한 물건 ○ 초보자가 피해야 하는 물건 ×

⊠	부천 2021-31649	경기도 부천시 심곡동 100-28 두드림하우스 제5층 제502호 [대지권 10.5평] [전용 21.9평] [대항력있는임차인,관련사건]	다세대 (빌라)	255,000,000 61,226,000	2022-03-31 (입찰 23일전)	유찰 4회. (24%)	312
⊠	부천 2021-3033	경기도 부천시 괴안동 183-4 현대빌라 제C동 제지층 제1호(현칭:B01호) [대지권 5.2평] [전용 10.6평] [대항력있는임차인,관련사건]	다세대 (빌라)	90,000,000 63,000,000	2022-03-24 (입찰 16일전)	유찰 1회. (70%)	115
⊠	부천 2021-34051	경기도 부천시 여월동 7-97 금명주택 제다동 제3층 제303호 [대지권 8.4평] [전용 10평] [대항력있는임차인,선순위임차권,관련사건]	다세대 (빌라)	106,000,000 74,200,000	2022-03-24 (입찰 16일전)	유찰 1회. (70%)	95
⊠	부천 2019-8288 물번[1]	경기도 부천시 소사동 33-16 건우빌라 제1층 제101호 [대지권 9.1평] [전용 15.3평] [대항력있는임차인,선순위임차권,관련사건]	다세대 (빌라)	155,000,000 75,950,000	2022-03-22 (입찰 14일전)	유찰 2회. (49%)	323
○	부천 2020-37695	경기도 부천시 중동 1148-2 중동대우마이빌2 제14층 제1412호 [대지권 1.7평] [전용 9.7평] [중복사건]	오피스텔 (주거)	115,000,000 80,500,000	2022-03-29 (입찰 21일전)	유찰 1회. (70%)	279
○	부천 2021-3125	경기도 부천시 오정동 578-2 대진주택 제에이동(주민등록상표기:A동, 현황표기:1동) 제2층 제201호 [대지권 11.8평] [전용 11.8평]	다세대 (빌라)	120,000,000 84,000,000	2022-03-17 (입찰 9일전)	유찰 1회. (70%)	250
○	부천 2021-1563	경기도 부천시 여월동 3-5 우성빌라 다동 제2층 제202호 [대지권 8.8평] [전용 11.7평]	다세대 (빌라)	126,000,000 88,200,000	2022-03-29 (입찰 21일전)	유찰 1회. (70%)	181
○	부천 2021-1181	경기도 부천시 역곡동 62-2 남영빌라 제지층 제비01호(현황:남영맨션(2차) B01호) [대지권 7.6평] [전용 17.3평]	다세대 (빌라)	127,000,000 88,900,000	2022-03-15 (입찰 7일전)	유찰 1회. (70%)	395
○	부천 2021-34020	경기도 부천시 고강동 302-6 한빛빌라 제지층 제비02호 [대지권 8.7평] [전용 17.2평]	다세대 (빌라)	130,000,000 91,000,000	2022-03-31 (입찰 23일전)	유찰 1회. (70%)	147
⊠	부천 2019-8288 물번[4]	경기도 부천시 소사동 33-16 건우빌라 제4층 제401호 [대지권 11.3평] [전용 19평] [대항력있는임차인,관련사건]	다세대 (빌라)	197,000,000 96,530,000	2022-03-22 (입찰 14일전)	유찰 2회. (49%)	200

스피드옥션의 검색 결과 목록

유료 경매 정보 사이트의 경우 붉은색으로 주의해야 할 물건을 알려주는데, 아무것도 없다면 대부분 권리분석이 간단한 것들이다. 그렇다고 사이트의 정보를 완전히 신뢰해서는 안 된다. '비교적 안전'이라는 1차 관문을 통과한 것뿐이지 경매는 언제나 생각지 못한 사건이 벌어진다.

경매에서 기본은 등기부등본 갑구, 을구를 통해 접수 순서를 따져보는 것이다. 초보자의 경우 이해가 어려우니 먼저 유료 경매 정보 사이트의 권리분석을 이용하고 입찰을 결심했을 때 다시 등기부등본을 열람해 자세히 확인하자.

실전파이터는 이렇게 했다!

유료 경매 정보 사이트 잘 활용하는 팁

유료 경매 정보 사이트는 일차적으로 물건을 구분해주기 때문에 참으로 편리합니다. 그러나 사람이 하는 일이다 보니 100퍼센트 신뢰할 수 없죠. 그래서 입찰을 마음먹은 물건들은 하나씩 진위여부를 확인해야 합니다.

그런데 우리 시간은 한정돼 있으니 모든 물건을 확인할 수는 없겠죠. 예를 들어 '이상형 월드컵'(토너먼트 방식으로 두 명 중 한 명의 이상형을 고르다가 최종 한 명을 선택하는 게임)을 한다고 생각해 봅시다. 32강에서 그 사람들의 신원 조사를 하나하나 신중하게 할 필요는 없습니다. 사귈지 안 사귈지도 모르니까요. 일단 유료 경매 정보 사이트에서 자체적으로 필터링된 것을 믿으면서 4강, 즉 마음에 드는 물건이 네 개 정도로 좁혀졌을 때 세세하게 조사하면 됩니다.

초보자들은 봐야 할 것, 알아야 할 것도 많은데 모든 물건을 조사하다 보면 결국 포기하게 됩니다. 처음 열정을 쏟아내다가 한두 달 만에 그만두는 것입니다. 이는 제대로 된 결실 없이 에너지만 소모한 꼴이죠.

경매는 마라톤과 같습니다. 오래, 길게, 꾸준히 가야 합니다. 특히 빌라 투자는 장거리 달리기입니다. 마라톤 시합에서 단거리 선수처럼 뛰면서 포기하지 말고 긴 호흡을 유지합시다.

한 번 유찰된 것에 관심을 가진다

경매일이 다가왔는데도 아무도 그 물건에 입찰하지 않으면 자연스럽게 유찰이 된다. 그러면 서울은 감정가의 80퍼센트, 경기도는 70퍼센트로 가격이 내려간다. 경매의 1원칙은 '무조건 시세보다 싸게 산다'이다. 감정가의 70~80퍼센트라면 시세보다 저렴할 확률이 높다. 그러나 여러 번 유찰된 물건(2회 이상)은 권리분석이 복잡하거나 상태가 좋지 않은 물건일 것이다. 아무도 낙찰받기를 원하지 않는 데는 이유가 있다. 쓰레기 속에서 진주를 찾는 것이 아니라 바다에서 진주를 찾아야 한다.

예를 들어 유료 경매 정보 사이트에서 아래와 같은 물건을 봤다면 이렇게 생각해 봐야 한다.

평택 2022-40261	경기도 평택시 신장동 [blurred] [대지권 3.4평] [전용 21.4평] [대항력있는임차인,관련사건]	다세대 (빌라)	181,000,000 88,690,000	2022-11-07 (입찰당일)	유찰 2회. (49%)

유찰 2회의 물건은 주의할 것

'대항력 있는 임차인이 있어. 권리가 복잡할 수 있겠군.'

'임차인은 월세를 살까, 전세를 살까?'

'유찰이 2회나 된 이유는 무엇일까?'

'감정평가금액이 높았을까? 투자 가치가 없는 물건일까?'

'임차인의 전세금을 낙찰자가 물어줘야 하는 걸까?' 등.

꼬리에 꼬리를 무는 질문들의 답을 명확히 해야 한다. 그러나 이렇게 많은 의문을 가지게 되는 물건은 대부분 투자해서는 안 되는 물건이다. 과감하게 다른 물건을 찾으러 가자.

혹시 마음에 드는 물건을 찾았다 해도 초보자는 이 가격이 저렴한지 아닌지를 판단하기 쉽지 않다. 아파트에 비해 빌라 시세는 확인하기가 어렵기 때문인데, 해당 지역의 부동산중개소를 찾아가거나 손품을 팔아 알아봐야 한다. 그러면 입찰을 할지 아니면 유찰되기를 기다렸다가 입찰해야 할지 가늠할 수 있을 것이다. 현재 시세를 모르면 입찰 가격을 써낼 때 실수할 확률이 높다. 비슷한 평형, 연식의 주변 빌라 시세를 반드시 확인해야 한다.

04

권리분석이 쉬운 물건의 두 가지 조건

권리분석이란, 말 그대로 부동산의 권리 상태를 분석하는 것이다. 가령 내가 입찰하는 물건에 전월세 보증금의 권리가 살아 있거나 가압류가 걸려 있다면 각 권리자가 소유한 해당 권리를 낙찰자가 해결해야 한다. 그러려면 추가로 돈이 필요하기에 권리분석을 제대로 하지 않으면 수익이 아니라 오히려 손실이 날 수 있다.

사실 권리분석은 어렵다. 난생처음 보는 용어들이 등장하는 데다 개념을 이해하기도 쉽지 않다. 그러니 권리분석이 무엇인지는 대략 알고 넘어가되, 초보자라면 치밀한 권리분석이 필요 없는 물건에 투자하는 것이 좋다.

이제부터 복잡한 용어들은 제외하고 어떻게 안전한 물건을 고르는지 원리를 설명한 후에 말소기준권리, 대항력 등 권리분석 필수 용어들을 소개하겠다.

왕초보를 위한 물건은 따로 있다

앞서 소개한 필터링 방법으로 권리분석이 간단해 보이는 물건들을 골랐을 것이다. 물건명에 '붉은색' 경고가 붙어 있지 않아 마음도 편안해졌을 것이다. 그러나 이 물건이 비교적 안전한 물건이라는 확신은 어디서 얻을 수 있을까? 초보자라면 늘 불안하고 의심이 드는 게 당연하다. 다음과 같은 요건을 충족한다면 비교적 안전한 물건이다.

나는 권리분석에 대해 강의할 때 가장 먼저 우측 도표를 보여준다. 도표에서 파란색 박스의 내용이 권리분석에서 안전한 물건의 조건이다. 유료 경매 정보 사이트에서 붉은색 경보가 없는 물건들이 대부분 이에 해당한다. 반면 붉은색 박스의 내용은 권리분석이 한층 더 까다로운 물건의 조건인데, 이는 경매 투자에 익숙한 사람들이 접근하는 것이 좋다.

① 임차인 없는 빌라

→ 거주자와 채무자가 일치하는 경우(집주인이 돈을 빌린 경우)

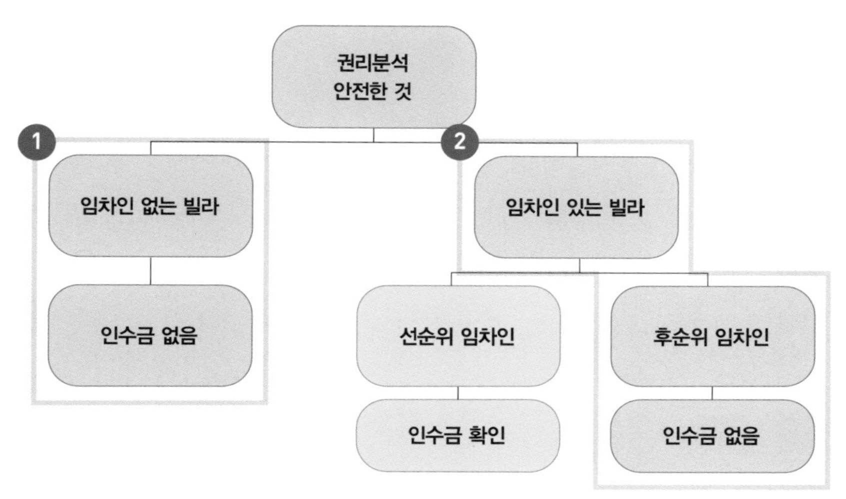

권리분석이 간단한 물건들

② 후순위 임차인이 있는 빌라

→ 임차인의 권리가 소멸되어 낙찰자가 인수할 금액이 없는 경우

※ 선순위 임차인이 있는 빌라

→ 일반적으로 선순위 임차인이 있는 빌라는 대항력이 있어 취득하지 않는 것이 좋다. 그러나 선순위 임차인이 배당 요구를 하지 않은 경우는 경매를 통한 갭 투자로 좋은 물건이 되기도 한다.

해당 조건들에 대해서 상세하게 알아보도록 하자.

임차인 없는 빌라

경매에 나온 물건은 채권자(돈을 빌려준 사람), 채무자(돈을 빌린 사람), 소유자(주택을 소유한 사람)가 명확하다. 임차인 현황에 채무자(소유자)가 점유한 경우는 곧 집주인이 자기가 거주하는 집을 담보로 돈을 빌린 것이다. 전월세 사는 임차인이 없어 이해관계가 간결하다. 임차인 현황이 공란인 경우도 마찬가지다. 특별한 경매 사건이 아니라고 가정했을 때 이 물건은 따로 인수해야 할 금액이 없어 수익률이 보장되고 명도도 깔끔할 것이다.

① 소유자 · 채무자 · 임차인 확인하기

우측 경매 물건의 경우 채무자와 소유자를 보면 동일 인물임을 알 수 있다. 하단의 임차인 현황에도 '채무자(소유자) 점유'라고 적혀 있다. 이 물건은 1차 유찰되어 시세보다 저렴할 것이다.

② 대지권 현황 확인하기

한 걸음 더 들어가 이 물건에 대해 알아보자. 이 물건은 또 어떤 장점이 있을까? 대지권 현황의 기타란에 보면 이 물건의 장점들이 나열돼 있다. 투자자의 관점으로 보면 해당 문구는 이렇게 읽힌다.

- 여월초등학교 북측 인근에 위치

  →"초등학교를 품은 빌라군. 자녀가 있는 임차인이 선호하겠네."

인천지방법원 부천지원, 대법원바로가기 법원안내 | 가로보기 세로보기 세로보기(2)

2021 타경 (임의)	매각기일 :	경매3계 032-320-1133

소재지	(14460) 경기도 부천시 [도로명] 경기도 부천시				
용도	다세대(빌라)	채권자	국민은행	감정가	126,000,000원
대장용도	다세대주택(3)	채무자	남	최저가	(70%) 88,200,000원
대지권	29.03㎡ (8.78평)	소유자	남	보증금	(10%)8,820,000원
전용면적	38.64㎡ (11.69평)	매각대상	토지/건물일괄매각	청구금액	32,296,041원
사건접수	2021-03-23	배당종기일	2021-06-07	개시결정	2021-03-25

기일현황, 입찰21일전

회차	매각기일	최저매각금액	결과
신건		126,000,000원	유찰
2차		88,200,000원	

모의입찰가 0 원 입력 ?

감정평가현황 (주)효산감정 , 가격시점 : 2021-04-01 감정평가서

토지	건물	제시외건물(포함)	제시외건물(제외)	기타(기계기구)	합계
75,600,000원	50,400,000원	×	×	×	126,000,000원

건물현황 보존등기일 : 1994-09-07 건축물대장 공동주택가격열람

	소재지	층별	구조	전용면적	감정가격	비고
1			철근콘크리트조	38.64㎡ (11.69평)	50,400,000원	4층 건중 2층
기타	기본 위생설비 및 급배수설비, 도시가스설비, 개별난방설비 등					

대지권현황 부동산 통합정보 이음

	지번	용도	대지권비율	면적	감정가격	비고
1		대지권	370.8㎡ 분의 29.03㎡	29.03㎡ (8.78평)	75,600,000원	
기타	여월초등학교 북측 인근에 위치 / 주위는 다세대주택 및 연립주택, 단독주택, 근린생활시설 등이 혼재하는 주거지역 / 주위에 노선버스정류장이 소재, 제반 대중교통 상황은 대체로 보통임 / 북측으로 노폭 약 5-6미터 내외의 포장도로에 접해있음 / 제2종일반주거지역					

임차인현황 채무자(소유자)점유 매각물건명세서 예상배당표

채무자와 소유자가 동일한 경우

건물 등기 사항 건물열람일 : 2021-04-05 등기사항증명서

구분	성립일자	권리종류	권리자	권리금액	상태	비고
갑1	1994-10-17	소유권	남		이전	매매
을7	2014-07-03	(근)저당	국민은행	45,600,000원	소멸기준	(주택) 소액배당 8000 이하 2700 (상가) 소액배당 5500 이하 1900
갑2	2021-03-02	가압류	케이비국민카드	6,319,866원	소멸	
갑3	2021-03-25	임의경매	국민은행	청구: 32,296,041원	소멸	

명세서 요약사항 최선순위 설정일자 2014. 7. 3. 근저당권

소멸되지 않는 등기부권리	해당사항 없음
설정된 것으로 보는 지상권	해당사항 없음
주의사항 / 법원문건접수 요약	

경매 정보지의 건물 등기 사항

- 대지권 29.03제곱미터(8.78평)

  → "30년이 넘은 빌라여서 재건축이나 재개발이 가능할 수도 있겠군. 대지권 8.79평으로 유리한 보상을 받겠어."

- 주위는 다세대주택 및 연립주택, 단독주택, 근린생활시설 등이 혼재하는 주거지역

  → "비슷한 빌라들이 많으니 편의점, 세탁소 등 편의시설이 많아 살기 좋은 지역이겠군."

- 주위에 노선 버스정류장이 소재. 제반 대중교통 상황은 보통임

  → "집 근처에 버스정류장이 있고, 원종역도 멀지 않아 교통이 편리하겠는걸. 향후 경인고속도로가 지하화되어 공원이 생기면 수혜를 받는 지역이겠군."

③ 말소기준권리 찾기

경매 정보지의 건물 등기 사항을 보면 말소기준권리에 대한 정보가 나와 있다. 간단히 눈에 보이는 대로 등기 사항을 읽어보자.

"채무자가 국민은행(을구 7)으로부터 4,560만 원에 해당하는 근저당이 잡혔구나. 이것을 기준으로 후순위인 케이비국민카드(갑구 2), 국민은행(갑구 3) 등의 권리가 소멸되니까 권리에 대한 문제가 없겠네. 목록에 임차인의 권리 혹은 소멸되지 않는 권리들이 없는 걸 보니 안심해도 되겠군. 명세서 요약사항의 소멸되지 않은 등기부권리와 설정된

것으로 보는 지상권이 '해당사항 없음'이니 특이사항 없는 안전한 물건 이겠구나."

④ 매각물건명세서 확인하기

경매 정보지에서 모든 딸림 문서들이 중요하지만 그중 으뜸은 '매각물건명세서'다. 지방법원에서 발행한 공식 문서이기 때문이다. 매각물건명세서의 각 항목에 특별한 내용이 적혀 있지 않으면 된다. 무언가 적혀 있다면 그야말로 특이사항이기에 확인이 필요하다.

인천지방법원 부천지원

매각물건명세서

사 건		매각 물건번호	1	작성 일자	2022.01.26	담임법관 (사법보좌관)	오문식
부동산 및 감정평가액 최저매각가격의 표시	별지기재와 같음	최선순위 설정	2014. 7. 3. 근저당권			배당요구종기	2021.06.07

부동산의 점유자와 점유의 권원, 점유할 수 있는 기간, 차임 또는 보증금에 관한 관계인의 진술 및 임차인이 있는 경우 배당요구 여부와 그 일자, 전입신고일자 또는 사업자등록신청일자와 확정일자의 유무와 그 일자

점유자의 성 명	점유부분	정보출처 구 분	점유의 권 원	임대차기간 (점유기간)	보 증 금	차 임	전입신고일자,사업자등록 신청일자	확정일자	배당요구여부 (배당요구일자)
조사된 임차내역없음									

※ 최선순위 설정일자보다 대항요건을 먼저 갖춘 주택·상가건물 임차인의 임차보증금은 매수인에게 인수되는 경우가 발생 할 수 있고, 대항력과 우선변제권이 있는 주택·상가건물 임차인이 배당요구를 하였으나 보증금 전액에 관하여 배당을 받지 아니한 경우에는 배당받지 못한 잔액이 매수인에게 인수되게 됨을 주의하시기 바랍니다.

등기된 부동산에 관한 권리 또는 가처분으로 매각으로 그 효력이 소멸되지 아니하는 것

매각에 따라 설정된 것으로 보는 지상권의 개요

비고란

주1 : 매각목적물에서 제외되는 미등기건물 등이 있을 경우에는 그 취지를 명확히 기재한다.
2 : 매각으로 소멸되는 가등기담보권, 가압류, 전세권의 등기일자가 최선순위 저당권등기일자보다 빠른 경우에는 그 등기일자를 기재한다.

매각물건명세서

후순위 임차인이 있는 빌라

전월세 세입자(임차인)의 권리가 소멸되는 경우다. 경매 물건에 임차인이 있으면 권리분석은 조금 더 복잡해지지만 겁낼 것 없다. 임차인의 권리가 대항력이 있는지 없는지만 확인하면 된다. 보통 임차인의 해당 주택 전입신고일자가 집주인이 돈을 빌린 날(근저당일) 이전일 경우, 임차인은 권리를 가지고 보증금을 보전받을 수 있다(선순위 임차인). 이때 보증금은 낙찰자가 부담해야 한다.

그러나 전입신고일자가 집주인이 돈을 빌린 날 이후라면 임차인은 보증금을 돌려받을 권리가 없다(후순위 임차인). 해당 집에 근저당이 잡힌 줄 알면서도 전입을 했기 때문이다. 이때 낙찰자는 전월세 보증금을 지불하지 않아도 된다. 유료 경매 정보지에는 임차인의 대항력 유무가 표기되므로 해당 정보를 한눈에 파악할 수 있다.

① 소유자·채무자·임차인 확인하기

우측 경매 물건은 채무자와 소유자는 김○으로 동일 인물이다. 그런데 이 집에는 보증금 2,000만 원에 월 45만 원의 월세를 내는 임차인 김○○가 있다. 그는 전입일자와 확정일자는 모두 등록했지만 근저당일 이후에 전입신고를 해 후순위 임차인이 되어 대항력은 없다.

② 대지권 현황 확인하기

마을 회관이 근처에 있고, 다세대 주택 등이 밀집된 곳이다. 또한 주

용도	다세대(빌라)	채권자	수OOO	감정가	145,000,000원
대지권	61.74㎡ (18.68평)	채무자	김O	최저가	(70%) 101,500,000원
전용면적	54.49㎡ (16.48평)	소유자	김O	보증금	(10%)10,150,000원
사건접수	2020-09-17	매각대상	토지/건물일괄매각	청구금액	107,338,440원
입찰방법	기일입찰	배당종기일	2020-12-14	개시결정	2020-09-18

기일현황

회차	매각기일	최저매각금액	결과
신건		145,000,000원	유찰
2차		101,500,000원	매각
구OO/입찰1명/낙찰109,500,000원(76%)			
		매각결정기일	허가
		기한후납부	
		배당기일	완료
배당종결된 사건입니다.			

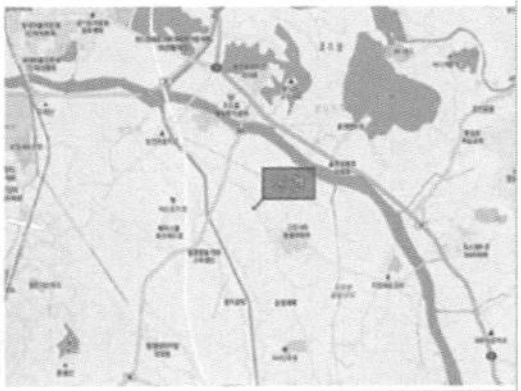

감정평가현황 (주)가람감정 , 가격시점 : 2020-10-05 감정평가서

토지	건물	제시외건물(포함)	제시외건물(제외)	기타(기계기구)	합계
×	145,000,000원	×	×	×	145,000,000원

건물현황 보존등기일 : 2015-09-16 건축물대장 공동주택가격열람

	소재지	층별	구조	전용면적	감정가격	비고
1			철근콘크리트조	54.49㎡ (16.48평)	145,000,000원	4층 건중 2층
기타	이용상태(방3, 주방, 거실, 욕실2, 발코니, 현관) / 기본적인 위생 및 급배수시설 및 난방설비 등					

대지권현황 부동산 통합정보 이음

	지번	용도	대지권비율	면적	감정가격	비고
1		대지권	438㎡ 분의 61.74㎡	61.74㎡ (18.68평)		토지/건물일괄감정
기타	대원1리마을회관 남측 인근에 위치 / 주위는 다세대주택 및 연립주택, 농경지 등이 혼재하는 기존주택지대 / 인근에 노선버스정류장이 소재하는 등 대중교통 편의도는 보통임 / 본 건 남동측으로 노폭 약 4미터 내외의 포장도로와 접함 / 계획관리지역					

임차인현황 건물소멸기준 : 2017-07-31 | 배당종기일 : 2020-12-14 매각물건명세서 예상배당표

순위	성립일자	권리자	권리종류(점유부분)	보증금금액	신고	대항	참조용 예상배당여부 (최저가 기준)
1	전입 2019-06-11 확정 2019-06-11 배당 2020-10-06	김OO	주거임차인 전부	【보】 20,000,000원 【월】 450,000원	○	없음	
● 임차인(별지)점유							
임차인으로 등록한 는 주민등록등재자이고, 임차내역은 주민등록등재 내용에 의한 것임							

임차인의 권리가 소멸되는 경우

건물 등기 사항 건물열람일 : 2020-10-02 등기사항증명서

구분	성립일자	권리종류	권리자	권리금액	상태	비고
갑2	2015-09-22	소유권	생OOOOOO		이전	신탁
갑6	2017-03-13	소유권	박OOOO		이전	상속
갑7	2017-07-31	소유권	김O		이전	임의경매로 인한 매각 2017타경
을3	2017-07-31	(근)저당	수OOO	124,200,000원	소멸기준	(주택) 소액배당 5000 이하 1700 (상가) 소액배당 3000 이하 1000
갑9	2020-09-18	임의경매	수OOO	청구: 107,338,440원	소멸	

명세서 요약사항 최선순위 설정일자 2017.07.31.근저당

소멸되지 않는 등기부권리	해당사항 없음
설정된 것으로 보는 지상권	해당사항 없음
주의사항 / 법원문건접수 요약	

경매 정보지의 건물 등기 사항

변에 버스정류장이 있어 교통이 편리하다.

③ 말소기준권리 찾기

2017년 7월 31일, 채무자가 채권자 수○○○(을구 3)로부터 1억 2,420만 원에 해당하는 근저당이 잡혔다. 이것이 말소기준권리가 되어 을구 3 이후의 권리(갑구 9)는 모두 소멸된다. 반면 임차인 김○○은 2019년 6월 11일에 이 집의 전입신고를 했으므로 후순위 임차인이 되어 대항력을 갖추지 못했다. 다만 소액 임차인은 최우선변제권자로 권리를 보장해주기 때문에 보증금 일부는 배당받을 수 있다. 이때 낙찰자가 떠안게 되는 금액은 없어 안전한 물건이며 임차인이 보증금 일부를 배당받기 때문에 명도가 수월할 수 있다.

④ 매각물건명세서 확인하기

매각물건명세서와 경매 정보지의 내용이 동일한 것을 확인했다. 또한 소멸되지 않는 권리, 지상권 등에 특이사항이 없어 안전한 물건으로 판단된다.

경매에는 이외에도 수만 가지 경우의 수가 존재한다. 앞서 언급한 두 가지는 경매를 시작하는 사람이라면 반드시 알아야 하는 가장 기본적인 물건의 조건이다. 경매란 예상치 못한 데서 항상 변수가 있기에 무엇도 정답이라고 할 수는 없다.

의정부지방법원 고양지원

2020타경

매각물건명세서

사 건		매각 물건번호	1	작성 일자	2021.02.01	담임법관 (사법보좌관)	박미라
부동산 및 감정평가액 최저매각가격의 표시	별지기재와 같음	최선순위 설정	2017.07.31.근저당			배당요구종기	2020.12.14

부동산의 점유자와 점유의 권원, 점유할 수 있는 기간, 차임 또는 보증금에 관한 관계인의 진술 및 임차인이 있는 경우 배당요구 여부와 그 일자, 전입신고일자 또는 사업자등록신청일자와 확정일자의 유무와 그 일자

점유자 성 명	점유 부분	정보출처 구 분	점유의 권 원	임대차기간 (점유기간)	보 증 금	차 임	전입신고 일자, 사업자등록 신청일자	확정일자	배당 요구여부 (배당요구일자)
		현황조사	주거 임차인				2019.06.11		
	전부	권리신고	주거 임차인	2019.06.05.부터	20,000,000	450,000	2019.06.11	2019.06.11	2020.10.06

<비고>

※ 최선순위 설정일자보다 대항요건을 먼저 갖춘 주택·상가건물 임차인의 임차보증금은 매수인에게 인수되는 경우가 발생 할 수 있고, 대항력과 우선변제권이 있는 주택·상가건물 임차인이 배당요구를 하였으나 보증금 전액에 관하여 배당을 받지 아니한 경우에는 배당받지 못한 잔액이 매수인에게 인수되게 됨을 주의하시기 바랍니다.

등기된 부동산에 관한 권리 또는 가처분으로 매각으로 그 효력이 소멸되지 아니하는 것

매각에 따라 설정된 것으로 보는 지상권의 개요

비고란

주1 : 매각목적물에서 제외되는 미등기건물 등이 있을 경우에는 그 취지를 명확히 기재한다.
2 : 매각으로 소멸되는 가등기담보권, 가압류, 전세권의 등기일자가 최선순위 저당권등기일자보다 빠른 경우에는 그 등기일자를 기재한다.

매각물건명세서

그러나 직접 경매 입찰을 하고 물건을 살펴보면, 권리분석 간단한 물건들이 생각보다 많다는 걸 알 수 있다. 그래서 초보자들도 수월하게 좋은 물건을 낙찰받을 수 있는 것이다.

실전파이터는 이렇게 했다!

선순위 임차인이 있는 경우

(p170 예시 참고)

임차인이 대항력이 있을 때는 늘 긴장해야 하지만 의외로 갭 투자까지 가능한 물건이 있습니다. 바로 선순위 임차인이 배당을 요구하지 않는 경우입니다. 이럴 때 임차인의 보증금은 임차인 대신 낙찰자가 그대로 인수하게 됩니다. 임차인이 포기한 보증금을 낙찰자가 배당받게 되는 것이죠. 그렇게 되면 대출을 받지 않아도 자연스럽게 갭 투자를 할 수 있는 것입니다.

해당 보증금 액수는 매각물건명세서에서 확인할 수 있습니다. 이러한 물건은 유찰을 반복하여 인수되는 금액만큼 떨어질 때까지 기다렸다가 입찰을 해야 합니다.

대출 규제가 심한 요즘, 이런 경우는 대출받지 않고 할 수 있는 투자로 각광받고 있습니다. 대출을 받지 않으니 셀프 등기도 가능해서 법무비를 아낄 수 있고, 임차인이 그대로 살아 중개 수수료가 절약되기도 합니다. 내보내야 할 임차인도 없으니 명도 비용 또한 아낄 수 있죠.

05

반드시 알아야 할 권리분석 기초 지식

권리분석의 기본은 등기부를 확인해 말소기준권리를 찾는 것이다. 쉽게 말해 법원이 권리의 순위를 따져 말소되는 기준이 무엇인지, 인수되는 기준이 무엇인지를 정한 것이다. 경매 정보지의 건물 등기 사항 기준으로 말소기준권리 위로는 권리가 인수되고, 아래로는 소멸된다. 이를 바탕으로 말소기준권리를 찾고, 낙찰자가 낙찰받고 인수할 금액이 있는지를 판단하면 된다.

말소기준권리가 성립하는 것은 (가)압류, (근)저당권, 경매기입등기, 담보가등기, 전세권(임의 경매를 신청하거나 배당을 요구한 선순위 전세권)이다.

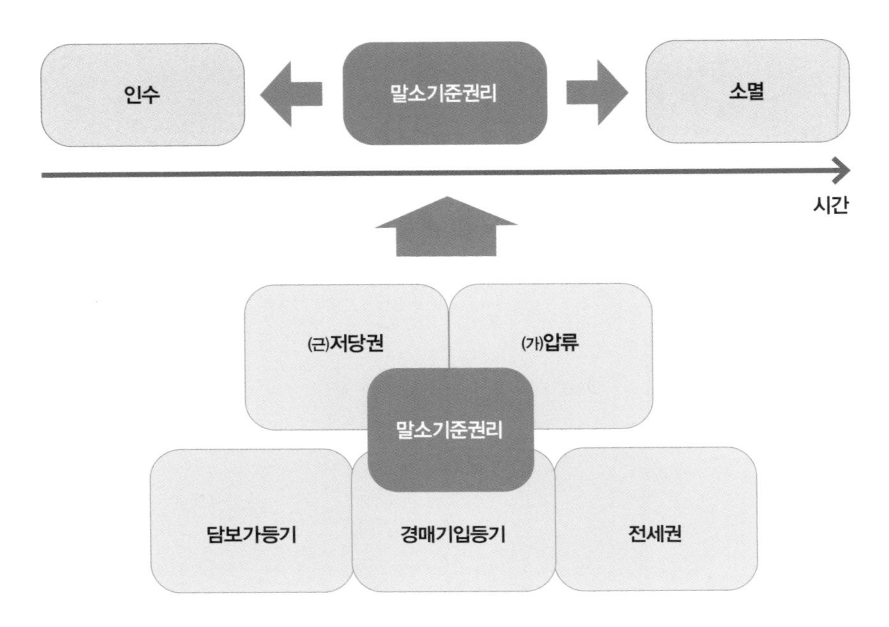

말소기준권리의 도식화

한 물건당 말소기준권리가 두 개 이상인 경우엔 가장 앞선 순위가 기준이 된다. 그렇다면 어떤 권리들이 있을까?

낙찰자에게 인수되지 않는 권리

저당권/근저당권

대출을 받으려면 담보가 필요하다. 만약 주택, 건물, 토지 같은 부동

건물 등기 사항 ▸ 건물열람일 : 2019-03-14　　등기사항증명서

구분	성립일자	권리종류	권리자	권리금액	상태	비고
갑1	2017-09-18	소유권	유OO		이전	보존
갑2	2017-09-18	소유권	케OOOOOOO		이전	신탁
갑4	2017-09-22	소유권	조OO		이전	매매
을1	2017-09-22	(근)저당	하OOO	192,000,000원	소멸기준	(주택) 소액배당 5000 이하 1700 (상가) 소액배당 3000 이하 1000
갑5	2019-01-21	가압류	삼OOO	29,590,336원	소멸	
갑6	2019-03-05	강제경매	삼OOO	청구: 29,644,308원	소멸	
추가	2019-05-15	임의경매	주OOOO	청구: 163,592,797원	소멸	2019타경

※ (근)저당이 가압류보다 선행하기에 말소기준권리다.

(근)저당이 말소기준권리인 경우

산을 담보로 돈을 빌리면 이 부동산에는 저당권이 설정된다. 그리고 저당권과 근저당권은 모두 등기부등본에 등기 및 등록을 해야 효력이 발생한다. 대출이 1억 원이라면 은행은 채무자의 등기부등본에 채권액 1억 원을 설정한다. 이를 저당권이라고 한다. 근저당권은 채권액이 저당권처럼 고정된 게 아니라 연체 이자, 경매 진행 비용 등을 더해서 채권최고액을 설정한다. 채권최고액은 1금융권, 2금융권, 3금융권에 따라 다른데 대출 금액의 120~130퍼센트로 설정하는 게 일반적이다. 근저당권이란 대출 금액이라고 이해하면 쉽다. 말소기준권리로 근저당권이 가장 많이 등장한다는 점도 알아두자.

가압류

가압류란 채무자의 재산을 압류해 처분하지 못하도록 하는 것이다. 채권자가 채무자의 부동산을 경매 신청하여 돈을 받아내려면 소송을 해서 판결문을 받아야 한다. 판결문을 받을 때까지 채권자는 채무자의

부동산에 대해 법원에 가압류 신청을 할 수 있다.

전세권

전세 세입자는 보증금을 지급하고 타인의 주택에 일정 기간 거주한다. 이 전세 보증금이 등기부에 기재되면 전세권으로, 해당 부동산을 점유하고 사용할 수 있는 권리다.

전세권이 말소기준권리가 되기 위해서는 ① 다른 말소기준권리보다 선순위여야 하고 ② 건물 전체에 대한 전세권이어야 하며 ③ 배당 요구를 하거나 경매를 신청해야 한다. 이 세 가지를 충족하지 않는 전세권은 말소기준권리가 될 수 없다. 즉 전세권은 자칫하면 낙찰자가 떠안아야 하는 권리가 되므로 정확히 확인해야 한다.

담보가등기

가등기란 본등기를 하기 전에 순위를 먼저 확보하기 위해 임시로 하는 등기다. 저당권과 같은 것으로 이해하면 된다. 가등기가 담보의 효력을 확보해주므로 담보가등기라고 한다.

담보가등기 권리자는 경매를 신청할 수 있다. 담보가등기도 돈을 돌려받기 위해 하는 것이기 때문에 말소기준권리에 해당하며, 경매 후 권리는 소멸된다.

경매기입등기

판결문을 받으면 채권자는 강제경매를 신청할 수 있다. 법원은 경매 개시를 하고 등기부에 기재하는데, 이를 경매기입등기라 한다. 법원에서 경매를 진행하고 있다는 공시나 마찬가지다. 따라서 채무자의 부동산 처분을 금지하는 압류 효과가 있다. 등기상 다른 말소기준권리가 없을 때 경매기입등기는 말소기준권리가 된다.

실전파이터는 이렇게 했다!

말소기준권리 쉽게 찾는 법

말소기준권리에 해당하는 권리들을 전부 숙지하면 좋겠지만 저도 처음에는 용어들이 어렵게 느껴졌습니다. 그래서 한 번만 훑어본 뒤 실전에서는 유료 경매 정보 사이트를 활용했습니다. 경매 정보지의 건물 등기 사항에 보면 상태란에 '소멸기준'이라고 적혀 있습니다. 소멸기준 이전의 권리는 인수되고, 소멸기준 이후의 권리는 말 그대로 소멸되는 거죠.

참 쉽지 않나요? 하지만 대략적인 의미는 알아둬야 합니다. 실제 입찰을 앞두고는 여러 문서를 살펴보며 내용이 일치하는지 비교하는 것도 좋아요. 예를 들면 매각물건명세서의 '최선순위 설정일자'는 말소기준권리에 해당하는 날짜와 동일합니다. 이런 식으로 대조를 통해 물건에 대한 확신을 키워가세요.

낙찰자에게 인수되는 권리

말소기준권리와 상관없이 낙찰자가 떠안아야 하는 권리도 있다. 이러한 물건들은 고수들도 굉장히 까다로워한다. 이 용어들의 사전적 의미보다는 '이런 물건은 피해야 하는구나' 하는 관점에서 살펴보자.

청구권보전가등기

청구권보전가등기가 되어 있으면 입찰자가 낙찰을 받았어도 가등기권자가 본등기를 이행하면 소유권이 가등기권자에게 넘어간다. 그러니 꼭 확인하고 입찰해야 한다. 법원경매정보 사이트에서 물건 상세검색을 하면 문건송달내역을 확인할 수 있다. 여기에 담보가등기권자가 채권계산서를 제출했다는 기록이 있다면 대부분 담보가등기로 본다. 법원은 가등기권자에게 그 가등기가 담보가등기인지 청구권보전가등기인지 밝히라는 재촉을 해야 한다. 담보가등기라면 채권을 신고하게 해서 배당에 참여할 수 있도록 하는 제도를 두었기 때문이다.

가처분등기

금전이 아니라 부동산에 청구권을 가진 채권자가, 채무자에게 부동산을 은닉하거나 처분하지 못하도록 하는 등기다. 소송이 진행 중이거나 진행될 수 있으니 해당 부동산의 현재 권리 상태가 변경되지 않도록 등기를 하는 것이다. 돈을 받기 위한 권리는 아니므로 선순위 가처분등기는 말소기준권리가 될 수 없다. 즉 낙찰자가 떠안아야 한다. 낙찰받은 부동산을 매매하거나 증여하거나 임차권 설정을 하는 등 일체의 처분 행위를 할 수 없다는 뜻이다.

유치권

유치권이란 타인의 물건이나 유가증권을 점유한 사람이 그 물건이나 유가증권에 관해 받아야 할 돈을 전부 받을 때까지 점유할 수 있는 권리다. 가령 휴대전화가 고장 나서 수리점에 맡겼다고 하자. 수리가 끝났는데도 고객이 수리비를 지불하지 않는다면 수리점에서는 수리비를 받을 때까지 휴대전화를 소유할 수 있다. 이것이 유치권이다. 경매에서 유치권은 건물을 지어주고 난 뒤 공사대금을 받지 못한 업체가 행사하는 경우가 많다. 유치권은 대부분 공사업체와 협의해 문제를 해결한다. 유치권은 등기부등본에도 나타나지 않기 때문에 초보자가 다루기 어려운 물건이니 그냥 지나치도록 하자.

법정지상권

대부분 토지와 건물의 소유자가 동일하지만, 간혹 다른 경우가 있다. 예를 들어 건물주가 토지 소유자에게 토지를 빌려 건물을 지은 경우 임대차 계약을 하고 토지등기부등본에 지상권을 설정하면 토지의 주인이 변경되더라도 건물주는 계속 토지를 사용할 수 있다. 그런데 만약 지상권을 설정하지 않더라도 지상권의 효력이 발생하는 경우가 있다. 이를

'법정지상권'이라고 한다. 토지와 건물을 같은 사람이 소유하고 있다가 매매나 경매 등으로 토지와 건물의 소유자가 달라져도 건물 주인은 토지 이용을 법적으로 보장받게 되는 것이다. 법정지상권이 성립되면 땅 주인은 마음대로 건물을 철거할 수 없다. 하지만 토지 사용료는 청구할 수 있다. 토지를 입찰할 때 법정지상권이 성립되는 건물인지 꼭 확인해야 한다.

배당 요구를 하지 않은 선순위 전세권

배당 요구를 한 전세권이란 임차인이 보증금을 돌려받고 나가겠다는 의사 표시를 했다는 의미다. 반면 배당 요구를 하지 않고 말소기준권리보다 선순위인 전세권은 낙찰자가 인수해야 한다. 즉 낙찰자가 전세권자에게 전세 보증금을 대신 반환해줘야 한다. 그러므로 보증금을 감안해서 보다 낮은 금액에 입찰해야 한다.

- 배당 요구를 한 전세권 → 말소
- 배당 요구를 하지 않은 전세권 → 인수

임차인을 위한 권리

집주인에게 문제가 생겨 집이 경매에 넘어가면, 임차인(세입자)은 보증금을 돌려받지 못하게 될 수도 있다. 이런 문제가 빈번하게 일어나자 주택임대차보호법이 제정되어 임차인을 보호하는 우산 역할을 하고 있다. 주택임대차보호법에 규정된 임차인의 권리는 대항력, 우선변제권, 최우선변제권이다.

대항력

대항력이란 임차인이 집주인 및 낙찰자에게 자신의 임차권을 주장할 수 있는 권리다. 대항력을 갖추기 위해서는 다음의 세 가지 요건을 충족해야 한다.

① 정당한 계약

② 이사하고 점유

③ 전입신고

주의할 점은 대항력은 전입신고 다음 날 0시부터 발생한다는 것이다. 가령 1월 1일에 전입신고를 했다면 1월 2일 오전 0시부터 대항력을 갖게 된다. 따라서 만일 근저당성립일이 전입신고일과 같다면, 전입신고 다음 날부터 대항력이 생기니 임차인은 후순위가 된다.

선순위 임차인

말소기준권리보다 대항력을 갖춘 날짜가 빠른 임차인이다. 선순위 임차인은 낙찰자에게 자신의 보증금을 전부 돌려받기 전까지는 못 나간다고 대항할 수 있다. 낙찰자는 임차인의 보증금을 인수해야 한다.

후순위 임차인

말소기준권리보다 대항력을 갖춘 날짜가 늦은 임차인이다. 후순위 임차인은 앞선 권리자의 채권이 먼저 변제된 후 보증금의 전부 또는 일부를 배당받게 된다. 선순위 임차인처럼 보증금을 다 받을 수 있을 만큼 보호받지는 못한다.

case 1 대항력을 포기한 선순위 임차인의 경우

최근 경매 시장에는 갭 투자 물건이나 사기를 친 물건들이 많이 나오고 있다. 전세보증보험에 가입했다면 임차인은 보증금을 받아나갈 수 있지만, 주택도시보증공사는 집주인으로부터 보증금을 받지 못해 경매를 신청한다.

이런 물건은 매매가보다 전세가가 비싼 경우가 많고, 대항력이 있기 때문에 예전 같으면 낙찰받지 말아야 할 물건이다. 하지만 요즘엔 이런 빌라가 많아 주택도시보증공사가 자체 회의를 거쳐 대항력을 포기해서 낙찰받은 금액만 회수할 목적으로 경매를 진행하는 물건들이 있다.

☑	부천 2021-39315 나의관심물건	경기도 부천시 고강동 제503호 [대지권 9.1평] [전용 13평] [대항력있는임차인,선순위임차권,관련사건]	다세대 (빌라)	237,000,000 116,130,000 매각 157,950,000

대항력 있는 물건의 검색 화면

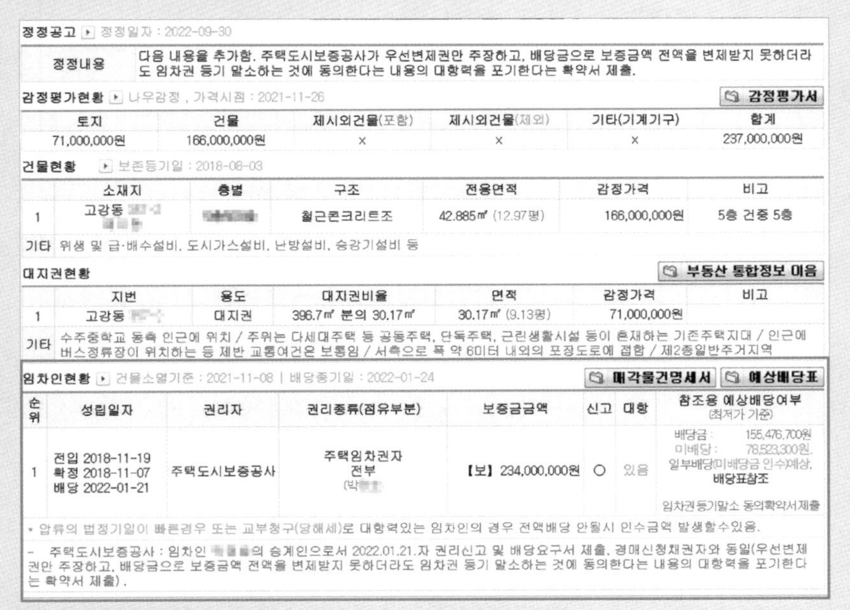

정정공고 ▸ 정정일자 : 2022-09-30

정정내용	다음 내용을 추가함. 주택도시보증공사가 우선변제권만 주장하고, 배당금으로 보증금액 전액을 변제받지 못하더라도 임차권 등기 말소하는 것에 동의한다는 내용의 대항력을 포기한다는 확약서 제출.

감정평가현황 ▸ 나우감정 , 가격시점 : 2021-11-26 　감정평가서

토지	건물	제시외건물(포함)	제시외건물(제외)	기타(기계기구)	합계
71,000,000원	166,000,000원	×	×	×	237,000,000원

건물현황 ▸ 보존등기일 : 2018-08-03

	소재지	층별	구조	전용면적	감정가격	비고
1	고강동		철근콘크리트조	42.885㎡ (12.97평)	166,000,000원	5층 건중 5층
기타	위생 및 급·배수설비, 도시가스설비, 난방설비, 승강기설비 등					

대지권현황 　부동산 통합정보 이용

	지번	용도	대지권비율	면적	감정가격	비고
1	고강동	대지권	396.7㎡ 분의 30.17㎡	30.17㎡ (9.13평)	71,000,000원	
기타	수주중학교 동측 인근에 위치 / 주위는 다세대주택 등 공동주택, 단독주택, 근린생활시설 등이 혼재하는 기존주택지대 / 인근에 버스정류장이 위치하는 등 제반 교통여건은 보통임 / 서측으로 폭 약 6미터 내외의 포장도로에 접함 / 제2종일반주거지역					

임차인현황 ▸ 건물소멸기준 : 2021-11-08 | 배당종기일 : 2022-01-24 　매각물건명세서 　예상배당표

순위	성립일자	권리자	권리종류(점유부분)	보증금금액	신고	대항	참조용 예상배당여부 (최저가 기준)
1	전입 2018-11-19 확정 2018-11-07 배당 2022-01-21	주택도시보증공사	주택임차권자 전부 (박	【보】 234,000,000원	○	있음	배당금 : 155,476,700원 미배당 : 78,523,300원. 일부배당(미배당금 인수)예상, 배당표참조 임차권등기말소 동의확약서제출

* 압류의 법정기일이 빠른경우 또는 교부청구(당해세)로 대항력있는 임차인의 경우 전액배당 안될시 인수금액 발생할수있음.

- 주택도시보증공사 : 임차인 의 승계인으로서 2022.01.21.자 권리신고 및 배당요구서 제출, 경매신청채권자와 동일(우선변제권만 주장하고, 배당금으로 보증금액 전액을 변제받지 못하더라도 임차권 등기 말소하는 것에 동의한다는 내용의 대항력을 포기한다는 확약서 제출).

고강동 빌라 경매 정보지

이 고강동 빌라는 매매가보다 전세가가 높고 선순위 임차인이라 원칙상으로는 입찰하면 안 된다. 하지만 대항력을 포기했기 때문에 인수해야 할 금액이 없으니 낙찰받아도 좋다.

인천지방법원 부천지원

2021타경

매각물건명세서

사 건	2021 부동산강제경매	매각 물건번호	1	작성 일자	2022.09.30	담임법관 (사법보좌관)	한상호
부동산 및 감정평가액 최저매각가격의 표시	별지기재와 같음	최선순위 설정	2021.11.08.경매개시결정			배당요구종기	2022.01.24

부동산의 점유자와 점유의 권원, 점유할 수 있는 기간, 차임 또는 보증금에 관한 관계인의 진술 및 임차인이 있는 경우 배당요구 여부와 그 일자, 전입신고일자 또는 사업자등록신청일자와 확정일자의 유무와 그 일자

점유자 성 명	점유 부분	정보출처 구 분	점유의 권 원	임대차기간 (점유기간)	보 증 금	차 임	전입신고 일자, 사업자등록 신청일자	확정일자	배당 요구여부 (배당요구일자)
박	42.885 ㎡	등기사항 전부증명서	주거 임차권자	2018.11.17.	234,000,000		2018.11.19.	2018.11.07.	
주택도시보증공사	전부	권리신고	주거 임차인	2018.11.17-2020.11.16	234,000,000		2018.11.19	2018.11.07	2022.01.21

<비고>

주택도시보증공사 : 임차인 의 승계인으로서 2022.01.21.자 권리신고 및 배당요구서 제출, 경매신청채권자와 동일(우선변제권만 주장하고, 배당금으로 보증금액 전액을 변제받지 못하더라도 임차권 등기 말소하는 것에 동의한다는 내용의 대항력을 포기한다는 확약서 제출)

※ 최선순위 설정일자보다 대항요건을 먼저 갖춘 주택·상가건물 임차인의 임차보증금은 매수인에게 인수되는 경우가 발생 할 수 있고, 대항력과 우선변제권이 있는 주택·상가건물 임차인이 배당요구를 하였으나 보증금 전액에 관하여 배당을 받지 아니한 경우에는 배당받지 못한 잔액이 매수인에게 인수되게 됨을 주의하시기 바랍니다.

등기된 부동산에 관한 권리 또는 가처분으로 매각으로 그 효력이 소멸되지 아니하는 것

매수인에게 대항할 수 있는 을구 순위 1번 임차권등기(2020. 12. 21.등기, 임대차 보증금 234,000,000원, 전입일 2018. 11. 19., 확정일자 2018. 11. 07.)가 있으나, 2022. 09. 23. 신청채권자 주택도시보증공사에서 보증금 전액을 변제받지 못하더라도 매수인에게 임차권등기를 말소해 주고, 잔존 채권을 포기하겠다는 확약서를 제출함

매각에 따라 설정된 것으로 보는 지상권의 개요

비고란

주택도시보증공사에서 우선변제권만 주장하고, 배당금으로 보증금액 전액을 변제받지 못하더라도 임차권 등기 말소하는 것에 동의한다는 내용의 대항력을 포기한다는 확약서 제출(2022. 09. 30. 정정·변경)

주1 : 매각목적물에서 제외되는 미등기건물 등이 있을 경우에는 그 취지를 명확히 기재한다.

2 : 매각으로 소멸되는 가등기담보권, 가압류, 전세권의 등기일자가 최선순위 저당권등기일자보다 빠른 경우에는 그 등기일자를 기재한다.

고강동 빌라의 매각물건명세서

주택도시보증공사에서 대항력을 포기한다는 확약서를 법원에 제출했고, 그것이 받아들여져 매각물건명세서에 기재되어 있다면 낙찰금 이외에 인수해야 할 금액이 없는 것이다. 매각물건명세서에 반드시 기재되어 있어야 확약서의 효력이 인정된다. 임차인은 주택도시보증공사에서 보증금을 미리 받고 나갔기에 명도도 쉽다.

case 2 대항력이 있는 선순위 임차인의 경우

앞의 사례를 제외하고 '대항력이 있는 선순위 임차인의 경우'는 대부분 조심해야 한다. 다음의 금천구 독산동 빌라 물건이 대표적이다(다음 페이지 참고). 이 물건은 매매가보다 전세 보증금이 더 비싸게 설정되어 낙찰받으면 손해가 날 수 있다. 임차인이 대항력을 포기하지 않아 고스란히 낙찰자가 전세금을 부담해야 한다.

또한 경매 정보지의 하단부의 '명세서 요약사항'에 보면 이 물건이 집합건축물대장상 위반건축물에 등재되었다는 내용이 적혀 있다. 법적으로 문제가 될 수 있을 뿐 아니라 대출을 받을 수도 없다. 금전적으로도 손해지만 마음고생도 할 물건이다. 이런 이유로 아무도 입찰하지 않아 유찰이 5회 이상 됐다.

서울에서도 월세 수요가 많은 독산동에 위치해 매력적이지만 가격이 아무리 내려가도 복잡하게 얽힌 권리는 풀기가 어렵다. 이런 물건은 피하고 더 좋은 물건을 찾아나서자.

서울남부지방법원 대법원바로가기 법원안내

가로보기 세로보기 세로보기(2)

2020 타경	매각기일 :	경매4계 02-2192-1334

소재지	(08538) 서울특별시 금천구 [도로명] 서울특별시 금천구				
용도	다세대(빌라)	채권자		감정가	201,000,000원
대지권	14.05㎡ (4.25평)	채무자		최저가	(4%) 8,840,000원
전용면적	23.36㎡ (7.07평)	소유자		보증금	(10%)884,000원
사건접수	2020-11-19	매각대상	토지/건물일괄매각	청구금액	262,217,122원
입찰방법	기일입찰	배당종기일	2021-03-02	개시결정	2020-11-26

기일현황 입찰33일전 전체보기

회차	매각기일	최저매각금액	결과
신건		201,000,000원	유찰
11차		21,582,000원	유찰
12차		17,266,000원	유찰
13차		13,813,000원	유찰
14차		11,050,000원	유찰
15차		8,840,000원	

모의입찰가 0 원 입력 ?

감정평가현황 삼호감정 , 가격시점 : 2020-12-09 감정평가서

토지	건물	제시외건물(포함)	제시외건물(제외)	기타(기계기구)	합계
80,400,000원	120,600,000원	×	×	×	201,000,000원

건물현황 보존등기일 : 2017-10-24 건축물대장 공동주택가격열람

	소재지	층별	구조	전용면적	감정가격	비고
1	독산동		철근콘크리트조	23.36㎡ (7.07평)	120,600,000원	5층 건중 4층
기타	급배수시설 무난, 기본 위생설비, 도시가스에 의한 난방설비, 승강기설비 등					

대지권현황 부동산 통합정보 이음

	지번	용도	대지권비율	면적	감정가격	비고
1	독산동	대지권	335.7㎡ 분의 14.05㎡	14.05㎡ (4.25평)	80,400,000원	
기타	문성초등학교 북동측 인근에 위치 / 주위는 단독주택 및 공동주택, 각종 근린생활시설 등이 혼재 / 인근에 버스정류장이 소재, 대중교통 이용편의도는 보통 / 남동측으로 노폭 약 4미터 내외의 포장도로에 접함 / 제2종일반주거지역					

임차인현황 건물소멸기준 : 2020-01-30 | 배당종기일 : 2021-03-02 매각물건명세서 예상배당표

1

순위	성립일자	권리자	권리종류(점유부분)	보증금금액	신고	대항	참조용 예상배당여부 (최저가 기준)
1	전입 2018-03-30 확정 2018-03-05 배당 2020-11-19		주택임차권자	【보】 245,000,000원	○	있음	배당금 : 7,656,300원 미배당 : 237,343,700원. 일부배당(미배당금 인수)예상,

● 임차인(별지)점유

* 압류의 법정기일이 빠른경우 또는 교부청구(당해세)로 대항력있는 임차인의 경우 전액배당 안될시 인수금액 발생할수있음.

- : 경매신청채권자임 .

위 임차인 덧붙인 등기사항전부증명서상 주택임차권등기 임대차사항을 등록한 것이니 그 점유관계 등은 별도의 확인을 요함.

건물 등기 사항 건물열람일 : 2021-12-09 등기사항증명서

구분	성립일자	권리종류	권리자	권리금액	상태	비고
갑1	2017-10-24	소유권	외 1명		이전	보존
을3	2018-03-30	주택임차권		245,000,000원	있음	경매신청채권자 전입 : 2018-03-30 확정 : 2018-03-05
갑2	2018-04-02	소유권			이전	매매
갑3	2020-01-30	압류	국 - 광주세무서장		소멸기준	(체납징세과-티1418) (주택) 소액배당 11000이하 3700 (상가) 소액배당 6500이하 2200
갑4	2020-11-17	압류	서울특별시금천구		소멸	(주택과-34702)
갑5	2020-11-30	강제경매		청구: 262,217,122원	소멸	
갑6	2020-12-07	압류	금천구		소멸	(세무2과-1207)

명세서 요약사항 최선순위 설정일자 2020.01.30. 압류 ※ 투기과열지구

소멸되지 않는 등기부권리	매수인에게 대항할 수 있는 임차인이 있음(임대차보증금 245,000,000원, 전입일자 2018.03.30. 확정일자 2018.03.05.) 배당에서 보증금이 전액 변제되지 아니하면 잔액을 매수인이 인수함
설정된 것으로 보는 지상권	해당사항 없음
주의사항 / 법원문건접수 요약	감정평가서에 따르면 집합건축물대장상 위반건축물 등재 [주택과-42742(2018.11.23.)호에 의거 (패널, 28.2㎡, 주거, 402호 무단증축)]

독산동 빌라 경매 정보지

우선변제권

임차인이 권리를 신고하고 경매 절차에 참여해 순서에 따라 배당을 받을 수 있는 권리를 말한다. 우선변제권을 갖기 위해서는 점유와 전입신고를 하여 대항력을 갖춘 뒤 확정일자를 받아야 한다. 이렇게 확정일자를 받아 우선변제권을 확보했다면 경매 절차에서 배당을 받기 위해 배당요구종기일 이내에 배당요구를 하고, 종기일까지 대항력을 유지해야 한다. 만약 전입일자와 확정일자가 다른 경우에는 더 늦게 신고한 날로 우선변제권이 발생한다. 즉 확정일자가 전입신고일자보다 늦다면 확정일자를 받은 당일 날, 전입신고일자가 확정일자보다 늦다면 전입신고일자를 받은 다음 날 0시부터 발생한다. 일반적으로 이사한 날 전입신고를 하면서 확정일자도 함께 받는데 이런 경우 다음 날 0시부터 우선변제권이 발생하게 되는 것이다.

임차인의 배당흐름

다음 예시를 보며 임차인의 배당흐름을 살펴보자.

case 1 전입일자와 확정일자 모두 말소기준권리보다 선순위인 임차인

⇨ 임차인 현황과 소멸기준(말소기준권리)을 보자. 임차인의 전입일자와 확정일자는 2017년 4월 7일로, 근저당성립일자인 2020년 7월 8일보다 빠르다. 따라서 선순위 임차인이다. 이런 경우 대항력이

임차인현황 ▸ 건물소멸기준 : 2020-07-08 | 배당종기일 : 2022-02-23 매각물건명세서 예상배당표

1

순위	성립일자	권리자	권리종류(점유부분)	보증금금액	신고	대항	참조용 예상배당여부 (최저가 기준)
1	전입 2017-04-07 확정 2017-04-07 배당 2021-12-30	옥	주거임차인 전부(방3칸)	【보】 350,000,000원	○	있음	배당금 : 350,000,000원 전액배당으로 소멸예상.

● 임차인(별지)점유

* 압류의 법정기일이 빠른경우 또는 교부청구(당해세)로 대항력있는 임차인의 경우 전액배당 안될시 인수금액 발생할수있음.

- 옥정한 : 주택임차권등기권자로서 주택임차권 등기일은 2020.11.20.임. .

건물 등기 사항 ▸ 건물열람일 : 2021-12-22 등기사항증명서

구분	성립일자	권리종류	권리자	권리금액	상태	비고
을13	2017-04-07	주택임차권	옥	350,000,000원	있음	전입 : 2017-04-07 확정 : 2017-04-07
갑1	2017-10-26	소유권	조		이전	보존
을9	2020-07-08	(근)저당	한국금융자산관리대부	390,000,000원	소멸기준	(주택) 소액배당 11000이하 3700 (상가) 소액배당 6500이하 2200
을10	2020-07-08	(근)저당	한국금융자산관리대부	20,000,000원	소멸	
을14	2021-07-30	(근)저당	진	100,000,000원	소멸	
을9-2	2021-10-05	(근)저당질권	비엔케이캐피탈	390,000,000원	소멸	
갑4	2021-12-14	임의경매	진	청구: 74,625,753원	소멸	
추가	2022-04-14	강제경매	옥OO	청구: 350,000,000원	소멸	2022타경

경매 정보지의 권리분석 부분

예상배당순위표

- 잔금미납으로 인한 몰취된 입찰보증금의 추가부분은 별도 계산하여 산입하시기 바랍니다.

매각 예상가격 수정 (배당할 총금액)	627,840,000 원 (최저가) 새로적용 초기화	* 배당할 총금액 = 매각대금 + 몰수된보증금

배당순위	권리종류	권리자	채권금액	배당할금액	배당금액	미배당금액	실재배당할 총금액
0순위	경매신청비용	진	0	0	4,821,000	0	623,019,000
1순위	확정일자주택임차인	옥	350,000,000	350,000,000	350,000,000	0	273,019,000
2순위	주택임차권	옥	350,000,000	0	0	0	273,019,000
3순위	(근)저당	한국금융자산관리대부	390,000,000	390,000,000	273,019,000	116,981,000	0
4순위	(근)저당	한국금융자산관리대부	20,000,000	20,000,000	0	20,000,000	0
5순위	(근)저당	진	100,000,000	100,000,000	0	100,000,000	0
6순위	임의경매	진	74,625,753	0	0	0	0
7순위	강제경매	옥	350,000,000	0	0	0	0

예상배당내역표 - 해당사건의 모든권리의 채권최고액 기준으로 배당받은금액과 미배당금액을 보실 수 있습니다.

권리종류	권리자	채권최고액	배당액	미배당액	소멸/대항여부	비고
주거임차인	옥정한	350,000,000	350,000,000	0	소멸	경매신청채권자 전액배당으로 소멸예상
(근)저당	한국금융자산관리대부	390,000,000	273,019,000	116,981,000	소멸기준	일부배당(미배당금 소멸예상)
(근)저당	한국금융자산관리대부	20,000,000	0	20,000,000	소멸	미배당금 소멸예상
(근)저당	진인호	100,000,000	0	100,000,000	소멸	미배당금 소멸예상

예상배당표

있고 우선변제권도 선순위이다. 낙찰금액이 보증금보다 많으면 임차인은 보증금 전액을 우선변제받게 된다. 그렇지만 낙찰금액이 보증금액보다 적다면 대항력이 있는 임차인이므로 낙찰자가 임차인이 변제받지 못한 보증금액을 인수해야 한다.

⇨ 예상배당표를 보면, 매각가(낙찰가)가 6억 2784만 원일 때 경매신청비용을 제하고 1순위로 임차인은 보증금 전액을 배당받게 되므로 낙찰자가 인수할 금액은 0원이다.

case 2 전입일자와 확정일자 모두 말소기준권리보다 후순위인 임차인

임차인현황 ▸ 건물소멸기준 : 2018-09-28 | 배당종기일 : 2022-06-21 매각물건명세서 예상배당표

순위	성립일자	권리자	권리종류(점유부분)	보증금금액	신고	대항	참조용 예상배당여부 (최저가 기준)
1	전입 2021-12-21 확정 2021-12-20 배당 2022-05-26	안OO	주거임차인 전부	【보】 350,000,000원 【월】 750,000원	○	없음	배당금 : 216,694,500원 미배당 : 133,305,500원 일부배당(미배당금 소멸예상).
2	전입 2021-12-21 확정 없음 배당 없음	오OO	주거임차인		X	없음	현황조사 권리내역

● 임차인(별지)점유

- 보증금합계 :350,000,000원
- 월세합계 :750,000원

건물 등기 사항 ▸ 건물열람일 : 2022-04-14 등기사항증명서

구분	성립일자	권리종류	권리자	권리금액	상태	비고
갑1	2018-08-17	소유권	스OOOO		이전	보존
갑2	2018-09-28	소유권	이OO		이전	매매
을1	2018-09-28	(근)저당	우OOO	405,900,000원	소멸기준	(주택) 소액배당 6000 이하 2000 (상가) 소액배당 3800 이하 1300
갑4	2022-04-05	강제경매	김OO	청구: 380,124,931원	소멸	

임차인 현황과 건물 등기 사항

⇨ 임차인 현황과 소멸기준(말소기준권리)을 보면, 임차인의 전입일자와 확정일자는 2021년 12월 21일, 2021년 12월 20일이다. 근저당 성립일자 2018년 9월 28일보다 늦다. 대항력이 없고 우선변제권도 후순위인 임차인이다. 이런 경우 근저당권자가 먼저 변제받고

남은 금액이 있으면 임차인은 보증금을 변제받을 수 있다. 보증금 전액을 변제받지 못하더라도 대항력이 없기 때문에 임차인은 낙찰자에게 못 받은 보증금을 달라고 할 수 없다.

예상배당순위표
-잔금미납으로 인한 몰취된 입찰보증금의 추가부분은 별도 계산하여 산입하시기 바랍니다.

매각 예상가격 수정 (배당할 총금액)	627,200,000원 (최저가) 새로적용 초기화	* 배당할 총금액 = 매각대금 + 몰수된보증금

배당순위	권리종류	권리자	채권금액	배당할금액	배당금액	미배당금액	실재배당할 총금액
0순위	경매신청비용	김	0	0	4,605,520	0	622,594,480
1순위	(근)저당	우리은행	405,900,000	405,900,000	405,900,000	0	216,694,480
2순위	확정일자주택임차인	안	350,000,000	350,000,000	216,694,480	133,305,520	0
3순위	강제경매	김	380,124,931	380,124,931	0	380,124,931	0

예상배당내역표 - 해당사건의 모든권리의 채권최고액 기준으로 배당받은금액과 미배당금액을 보실 수 있습니다.

권리종류	권리자	채권최고액	배당액	미배당액	소멸/대항여부	비고
(근)저당	우리은행	405,900,000	405,900,000	0	소멸기준	전액배당 소멸예상
주거임차인	안	350,000,000	216,694,500	133,305,500	소멸	일부배당(미배당금 소멸예상)
주거임차인	오	0	0	0	소멸	
강제경매	김	380,124,931	0	380,124,900	소멸	미배당금 소멸예상

예상배당표

⇨ 예상배당표를 보면 매각가(낙찰가)가 6억 2,720만 원일 때 임차인은 0순위 경매신청비용을 제하고 1순위인 근저당권자 배당 후 나머지 금액을 배당받게 된다. 배당을 못 받은 일부 보증금은 대항력이 없으므로 낙찰자에게 달라고 할 수 없다. 따라서 낙찰자가 인수해야 할 금액은 없다.

case 3 전입일자는 선순위이고 확정일자는 후순위인 임차인

임차인현황 ▸ 건물소멸기준 : 2013-01-31 | 배당종기일 : 2022-04-07 매각물건명세서 예상배당표

순위	성립일자	권리자	권리종류(점유부분)	보증금금액	신고	대항	참조용 예상배당여부 (최저가 기준)
1	전입 2010-10-14 확정 2014-01-21 배당 2022-03-31	조	주거임차인	【보】 220,000,000원	○	있음	배당금 : 220,000,000원 전액배당으로 소멸예상.

● 채무자(소유자)점유 임차인(별지)점유

* 압류의 법정기일이 빠른경우 또는 교부청구(당해세)로 대항력있는 임차인의 경우 전액배당 안될시 인수금액 발생할수있음.

- : 현재까지 거주중 .

전입세대열람내역서와 주민등록등본을 기초로 작성함

건물 등기 사항 ▸ 건물열람일 : 2022-02-03 등기사항증명서

구분	성립일자	권리종류	권리자	권리금액	상태	비고
갑2	2004-09-13	소유권	이		이전	매매
갑5	2007-07-26	소유권	김	(거래가)545,000,000원	이전	매매
을17	2013-01-31	(근)저당	하나은행	278,400,000원	소멸기준	(주택) 소액배당 5500 이하 1900 (상가) 소액배당 3000 이하 900
갑14	2014-04-29	가압류	예금보험공사	400,000,000원	소멸	
갑21	2017-08-25	압류	국민건강보험공단		소멸	(징수부-906257)
갑28	2021-11-25	압류	수지구청장		소멸	(수지구세무과-23408)

임차인 현황과 건물 등기 사항

⇨ 임차인 현황과 소멸기준(말소기준권리)을 보면 임차인의 전입신고일자는 2010년 10월 14일로 근저당성립일자보다 빠르고, 확정일자는 2014년 1월 21일로 근저당성립일자보다 늦다. 우선변제권은 전입일자와 확정일자 둘 중에 늦은 날짜를 기준으로 발생한다. 따라서 근저당성립일자보다 늦은 확정일자에 우선변제권이 발생하므로 우선변제권은 후순위이고, 전입일자는 근저당성립일자보다 빠르므로 대항력은 갖추게 된다. 근저당권자가 먼저 변제받은 후 우선변제권 후순위인 임차인은 남은 금액으로 보증금을 변제받는다. 대항력이 있는 임차인이므로 보증금 전액을 변제받지 못하면 낙찰자가 나머지 보증금을 인수해야 한다.

예상배당순위표
-잔금미납으로 인한 몰취된 입찰보증금의 추가부분은 별도 계산하여 산입하시기 바랍니다.

매각 예상가격 수정 (배당할 총금액)	416,500,000 원 (최저가) 새로적용 초기화	* 배당할 총금액 = 매각대금 + 몰수된보증금

배당순위	권리종류	권리자	채권금액	배당할금액	배당금액	미배당금액	실재배당할 총금액
0순위	경매신청비용	우리은행	0	0	4,169,500	0	412,330,500
1순위	(근)저당	하나은행	278,400,000	278,400,000	278,400,000	0	133,930,500
2순위	확정일자주택임차인	조	220,000,000	220,000,000	133,930,500	86,069,500	0
3순위	가압류	예금보험공사	400,000,000	400,000,000	0	400,000,000	0
4순위	압류	국민건강보험공단	0	0	0	0	0
5순위	압류	수지구청장	0	0	0	0	0
6순위	강제경매	우리은행	2,000,000,000	2,000,000,000	0	2,000,000,000	0

예상배당내역표 - 해당사건의 모든권리의 채권최고액 기준으로 배당받은금액과 미배당금액을 보실 수 있습니다.

권리종류	권리자	채권최고액	배당액	미배당액	소멸/대항여부	비고
주거임차인	조	220,000,000	133,930,500	86,069,500	인수	일부배당(미배당금 인수)예상
(근)저당	하나은행	278,400,000	278,400,000	0	소멸기준	전액배당 소멸예상
가압류	예금보험공사	400,000,000	0	400,000,000	소멸	미배당금 소멸예상
압류	국민건강보험공단	0	0	0	소멸	(징수부-906257) 미배당금 소멸예상
압류	수지구청장	0	0	0	소멸	(수지구세무과-23408) 미배당금 소멸예상
강제경매	우리은행	2,000,000,000	0	2,000,000,000	소멸	미배당금 소멸예상

예상배당표

⇨ 예상배당표를 보면 매각가(낙찰가)가 약 4억 1,000만 원일 때 0순위 경매신청비용을 제하고 말소기준권리인 근저당권자가 먼저 배당을 받는다. 남은 금액은 2순위로 임차인이 배당받게 된다. 임차인은 보증금을 전액 배당받지 못하지만 대항력을 갖췄기 때문에 나머지 금액을 낙찰자에게 달라고 할 수 있다. 낙찰자는 임차인이 배당받지 못한 일부 보증금을 인수해야 한다.

case 4 확정일자는 선순위이고 전입일자는 후순위인 임차인

임차인현황 ▸ 건물소멸기준 : 2019-11-13 | 배당종기일 : 2022-04-28

매각물건명세서 | 예상배당표

순위	성립일자	권리자	권리종류(점유부분)	보증금금액	신고	대항	참조용 예상배당여부 (최저가 기준)
1	전입 2019-11-18 확정 2019-10-14 배당 2022-02-24	김[illegible]	주거임차인 전부(방 3칸)	【보】 350,000,000원	○	없음	배당금 : 350,000,000원 전액배당 소멸예상.
2	전입 2019-11-18 확정 없음 배당 없음	편[illegible]	주거임차인 [illegible]	【보】 미상	X	없음	현황조사 권리내역

● 임차인(별지)점유

- 보증금합계 :350,000,000원

건물 등기 사항 ▸ 건물열람일 : 2022-02-24

등기사항증명서

구분	성립일자	권리종류	권리자	권리금액	상태	비고
갑6	2019-11-13	소유권	한[illegible]	(거래가) 550,000,000원	이전	매매
을18	2019-11-13	(근)저당	한국주택금융공사	165,000,000원	소멸기준	(주택) 소액배당 11000 이하 3700 (상가) 소액배당 6500 이하 2200
갑7	2021-09-07	소유권	한[illegible]		이전	상속
갑8	2021-09-14	가압류	백[illegible]외2명	253,299,000원	소멸	
갑9	2021-09-23	가압류	서[illegible]	146,029,589원	소멸	
갑10	2022-02-15	임의경매	한국주택금융공사	청구: 145,307,854원	소멸	

임차인 현황과 건물 등기 사항

⇨ 임차인 현황과 소멸기준(말소기준권리)을 보면 임차인의 전입일자는 2019년 11월 18일로 근저당성립일자보다 느리고, 확정일자는 2019년 10월 14일로 근저당성립일자보다 빠르다. 우선변제권은 전입일자와 확정일자 둘 중에 늦은 날짜를 기준으로 발생한다. 따라서 근저당성립일자보다 늦은 전입일자에 우선변제권이 발생하므로 우선변제권은 후순위이고 대항력도 없다. 이런 경우 근저당권자가 먼저 변제받은 후 임차인은 남은 금액으로 보증금을 변제받는다. 임차인은 대항력이 없으므로 보증금을 전액 변제받지 못해도 나머지 금액을 낙찰자에게 달라고 할 수 없다.

⇨ 예상배당표를 보면 매각가(낙찰가)가 6억 4,640만 원으로 0순위 경매신청비용을 제하고 말소기준권리인 근저당권자가 먼저 배당

예상배당순위표
-잔금미납으로 인한 몰취된 입찰보증금의 추가부분은 별도 계산하여 산입하시기 바랍니다.

매각 예상가격 수정 (배당할 총금액)	646,400,000 원 (최저가) 새로적용 초기화	* 배당할 총금액 = 매각대금 + 몰수된보증금

배당순위	권리종류	권리자	채권금액	배당할금액	배당금액	미배당금액	실재배당할 총금액
0순위	경매신청비용	한국주택금융공사	0	0	4,682,560	0	641,717,440
1순위	(근)저당	한국주택금융공사	165,000,000	165,000,000	165,000,000	0	476,717,440
2순위	확정일자주택임차인	김	350,000,000	350,000,000	350,000,000	0	126,717,440
3순위	가압류	백 외2명	253,299,000	253,299,000	80,378,419	172,920,581	46,339,021
4순위	가압류	서	146,029,589	146,029,589	46,339,021	99,690,568	0
5순위	임의경매	한국주택금융공사	145,307,854	0	0	0	0

예상배당내역표 - 해당사건의 모든권리의 채권최고액 기준으로 배당받은금액과 미배당금액을 보실 수 있습니다.

권리종류	권리자	채권최고액	배당액	미배당액	소멸/대항여부	비고
(근)저당	한국주택금융공사	165,000,000	165,000,000	0	소멸기준	전액배당 소멸예상
주거임차인	김	350,000,000	350,000,000	0	소멸	전액배당 소멸예상
주거임차인	편	0	0	0	소멸	미배당금 소멸예상
가압류	백 외2명	253,299,000	80,378,400	172,920,600	소멸	일부배당(미배당금 소멸예상)
가압류	서	146,029,589	46,339,000	99,690,600	소멸	일부배당(미배당금 소멸예상)

예상배당표

을 받으며, 2순위로 임차인이 남은 금액을 배당받게 된다. 임차인은 보증금을 전액 배당받아 낙찰자에게 인수되는 금액은 없다.

최우선변제권

소액 임차인의 보증금을 보호하기 위해 특별히 인정하는 권리다. 소액 보증금은 후순위 임차인이라도 최우선으로 보증금을 배당받을 수 있다. 소액 보증금으로 인정받을 수 있는 금액은 시기와 지역별로 차이가 있다. 소액 임차인은 대항력을 갖추고 배당요구종기일 이내에 배당요구를 하고, 종기일까지 대항력을 갖추고 있으면 최우선변제권을 얻게 된다. 후순위 임차인이라도 최우선변제를 해주는 만큼 악용될 수가 있어 경매 진행이 공시된 이후 전입신고한 임차인은 보호하지 않는다.

최우선변제는 확정일자와 상관없이 최우선으로 변제를 받지만 임차인이 확정일자를 받았다면 최우선변제금을 먼저 배당받고 나머지 보증금은 확정일자 순위에 맞게 배당받게 된다. 은행에서는 대출 한도에서 최우선변제금을 제외하고 대출해준다.

임차인의 배당흐름

최우선변제권이 있는 경매 물건을 예시로 임차인의 배당흐름을 알아보자.

임차인현황 ▸ 건물소멸기준 : 2017-07-31 | 배당종기일 : 2020-12-14 매각물건명세서 예상배당표

순위	성립일자	권리자	권리종류(점유부분)	보증금금액	신고	대항	참조용 예상배당여부 (최저가 기준)
1	전입 2019-06-11 확정 2019-06-11 배당 2020-10-06	김OO	주거임차인 전부	【보】 20,000,000원 【월】 450,000원	○	없음	배당금 : 17,000,000원 미배당 : 3,000,000원 일부배당(미배당금 소멸예상),
● 임차인(별지)점유							
임차인으로 등록한 김 는 주민등록등재자이고, 임차내역은 주민등록등재 내용에 의한 것임							

건물 등기 사항 ▸ 건물열람일 : 2020-10-02 등기사항증명서

구분	성립일자	권리종류	권리자	권리금액	상태	비고
갑2	2015-09-22	소유권	생OOOOOO		이전	신탁
갑6	2017-03-13	소유권	박OOOO		이전	상속
갑7	2017-07-31	소유권	김O		이전	임의경매로 인한 매각 2017타경
을3	2017-07-31	(근)저당	수OOO	124,200,000원	소멸기준	(주택) 소액배당 5000이하 1700 (상가) 소액배당 3000이하 1000
갑9	2020-09-18	임의경매	수OOO	청구: 107,338,440원	소멸	

명세서 요약사항 ▸ 최선순위 설정일자 2017.07.31.근저당

임차인 현황과 건물 등기 사항

예상배당순위표
-잔금미납으로 인한 몰취된 입찰보증금의 추가부분은 별도 계산하여 산입하시기 바랍니다.

매각 예상가격 수정 (배당할 총금액)	109,500,000 원 (매각가) 새로적용 초기화	* 배당할 총금액 = 매각대금 + 몰수된보증금

배당순위	권리종류	권리자	채권금액	배당할금액	배당금액	미배당금액	실재배당할 총금액
0순위	경매신청비용	수협은행	0	0	2,150,100	0	107,349,900
1순위	주택소액임차인	김	20,000,000	17,000,000	17,000,000	3,000,000	90,349,900
2순위	(근)저당	수협은행	124,200,000	124,200,000	90,349,900	33,850,100	0
3순위	확정일자주택임차인	김	20,000,000	3,000,000	0	3,000,000	0
4순위	임의경매	수협은행	107,338,440	0	0	0	0

예상배당내역표 - 해당사건의 모든권리의 채권최고액 기준으로 배당받은금액과 미배당금액을 보실 수 있습니다.

권리종류	권리자	채권최고액	배당액	미배당액	소멸/대항여부	비고
(근)저당	수협은행	124,200,000	90,349,900	33,850,100	소멸기준	일부배당(미배당금 소멸예상)
주거임차인	김	20,000,000	17,000,000	3,000,000	소멸	일부배당(미배당금 소멸예상)

예상배당표

⇨ 이 물건은 전입일자와 확정일자 모두 말소기준권리보다 늦어 임차인이 대항력도 없고, 우선변제권도 후순위다. 따라서 근저당권자 다음으로 임차인이 배당을 받아야 한다. 하지만 소액 임차인으로서 최우선변제권자이므로 1순위로 보증금을 배당받는다. 임차인이 확정일자도 받아놨기 때문에 1순위로 배당받고 다 돌려받지 못한 보증금은 말소기준권리 다음 순서로(우선변제권 후순위) 나머지 보증금을 배당받을 수 있다.

해당 사례의 임차인은 보증금 2,000만 원을 모두 배당받는 것이 아니라 최우선변제금액 기준에 따라 보증금을 배당받게 된다. 최초 물권 설정일인 근저당성립일자가 2017년 7월 31일이고 물건 소재지는 파주다.

이 시기의 최우선변제금액 기준을 보면 '그 밖의 지역'에 임차인 보증금 5,000만 원 이하일 때 1,700만 원을 변제받을 수 있으므로 임차인은 2,000만 원 보증금 중 1,700만 원을 최우선으로 배당받게 되는 것이다. 나머지 못 받은 300만 원 보증금은 근저당권자 수협은행이 배당받은 다음 순서로(우선변제권 후순위) 남은 금액이 있다면 돌려받을 수 있는 것이다. 그렇지만 예시의 물건은 낙찰금액이 적어 임차인은 보증금 2,000만 원 중 1,700만 원만 배당받고 나머지 300만 원은 돌려받지 못했다.

최우선변제권 대상 적용 표

주택임대차보호법			
기준 시점	지역	임차인 보증금 범위	보증금 중 일정액의 범위
1990. 2. 19.~	서울특별시, 직할시	2,000만 원 이하	700만 원
	기타 지역	1,500만 원 이하	500만 원
1995. 10. 19.~	특별시 및 광역시(군지역 제외)	3,000만 원 이하	1,200만 원
	기타 지역	2,000만 원 이하	800만 원
2001. 9. 15.~	수도권정비계획법에 의한 수도권 중 과밀억제권역	4,000만 원 이하	1,600만 원
	광역시(군지역과 인천광역시지역 제외)	3,500만 원 이하	1,400만 원
	그 밖의 지역	3,000만 원 이하	1,200만 원
2008. 8. 21.~	수도권정비계획법에 따른 수도권 중 과밀억제권역	6,000만 원 이하	2,000만 원
	광역시(군지역과 인천광역시지역 제외)	5,000만 원 이하	1,700만 원
	그 밖의 지역	4,000만 원 이하	1,400만 원

2010. 7. 26.~	서울특별시	7,500만 원 이하	2,500만 원
	수도권정비계획법에 따른 과밀억제권역(서울특별시 제외)	6,500만 원 이하	2,200만 원
	광역시(수도권정비계획법에 따른 과밀억제권역에 포함된 지역과 군지역 제외), 안산시, 용인시, 김포시, 광주시	5,500만 원 이하	1,900만 원
	그 밖의 지역	4,000만 원 이하	1,400만 원
2014. 1. 1.~	서울특별시	9,500만 원 이하	3,200만 원
	수도권정비계획법에 따른 과밀억제권역(서울특별시 제외)	8,000만 원 이하	2,700만 원
	광역시(수도권정비계획법에 따른 과밀억제권역에 포함된 지역과 군지역 제외), 안산시, 용인시, 김포시, 광주시	6,000만 원 이하	2,000만 원
	그 밖의 지역	4,500만 원 이하	1,500만 원
2016. 3. 31.~	서울특별시	1억 원 이하	3,400만 원
	수도권정비계획법에 따른 과밀억제권역(서울특별시 제외)	8,000만 원 이하	2,700만 원
	광역시(수도권정비계획법에 따른 과밀억제권역에 포함된 지역과 군지역 제외), 세종특별자치시, 안산시, 용인시, 김포시, 광주시	6,000만 원 이하	2,000만 원
	그 밖의 지역	5,000만 원 이하	1,700만 원
2018. 9. 18.~	서울특별시	1억 1,000만 원 이하	3,700만 원
	수도권정비계획법에 따른 과밀억제권역(서울특별시 제외), 용인시, 세종특별자치시, 화성시	1억 원 이하	3,400만 원
	광역시(수도권정비계획법에 따른 과밀억제권역에 포함된 지역과 군지역 제외), 안산시, 김포시, 광주시, 파주시	6,000만 원 이하	2,000만 원
	그 밖의 지역	5,000만 원 이하	1,700만 원

2021. 5. 11.~	서울특별시	1억 5,000만 원 이하	5,000만 원
	수도권정비계획법에 따른 과밀억제권역(서울특별시 제외), 세종특별자치시, 용인시, 화성시, 김포시	1억 3,000만 원 이하	4,300만 원
	광역시(수도권정비계획법에 따른 과밀억제권역에 포함된 지역과 군지역 제외), 안산시, 광주시, 파주시, 이천시, 평택시	7,000만 원 이하	2,300만 원
	그 밖의 지역	6,000만 원 이하	2,000만 원

※ 기준 시점은 담보 물권(저당권, 근저당권, 가등기담보권 등) 설정일자 기준임(대법원 2001다84824 판결 참조).

※ 배당 요구의 종기까지 배당 요구를 해야 함.

※ 경매 개시 결정의 등기 전에 대항 요건(주택 인도 및 주민등록)을 갖춰야 하고, 배당 요구의 종기까지 대항력을 유지해야 함.

※ 주택가액(대지의 가액 포함)의 2분의 1에 해당하는 금액까지만 우선변제 받음(주택임대차보호법 제8조).

06

공식 문서로 권리분석 더블 체크하기

유료 경매 정보지로 살펴보는 건 입찰할 만한 물건의 후보들을 고를 때까지다. 낙찰받고 싶은 물건이 몇 개 보였다면 이제는 공식 문서들을 살펴보면서 내가 판단한 사항이 맞는지 확인해야 한다. 이 장에서는 대표 문서들만 소개할 테지만 의문이 생기는 부분이 있다면 온라인 검색을 하거나 해당 분야 전문가에게 질문하길 추천한다.

건축물대장

경매 물건을 검색하다 보면 '위반건축물'이라는 표시에 멈칫하게 된

■ 건축물대장의 기재 및 관리 등에 관한 규칙 [별지 제5호서식] <개정 2017. 1. 20.>

집합건축물대장(전유부, 갑) 위반건축물 (2쪽 중 제1쪽)

건축물대장의 위반건축물 표시

다. 위반건축물은 대출이 나오지 않기 때문인데, 이 경우 철거 후 대출이 가능하다. 불법 용도 변경이나 불법 증축을 한 건축물은 건축물대장 우측 상단에 위반건축물이라 표기돼 있으니 해당 시청이나 구청, 군청에 전화해서 위반 사항이 무엇인지 확인해보자. 주택의 경우 현장에 가보면 그리 큰 문제가 아닐 때가 많다. 무리하게 증축한 집이라면 입찰을 포기하는 게 낫지만 사소한 부분이라 해결이 가능하다면 입찰해봐도 좋다.

매각물건명세서

매각물건명세서는 입찰자에게 정보를 제공하기 위한 문서라고 할 수 있으며, 매각기일 일주일 전까지 공개된다.

점유자(임차인) 이름, 임대차 기간(점유 기간), 보증금, 임차료, 전입신고일자(사업자등록 신청일자), 확정일자 외에 다음과 같은 정보도 담겨 있으니 꼭 확인하자.

① 최선순위 설정

말소기준권리이다.

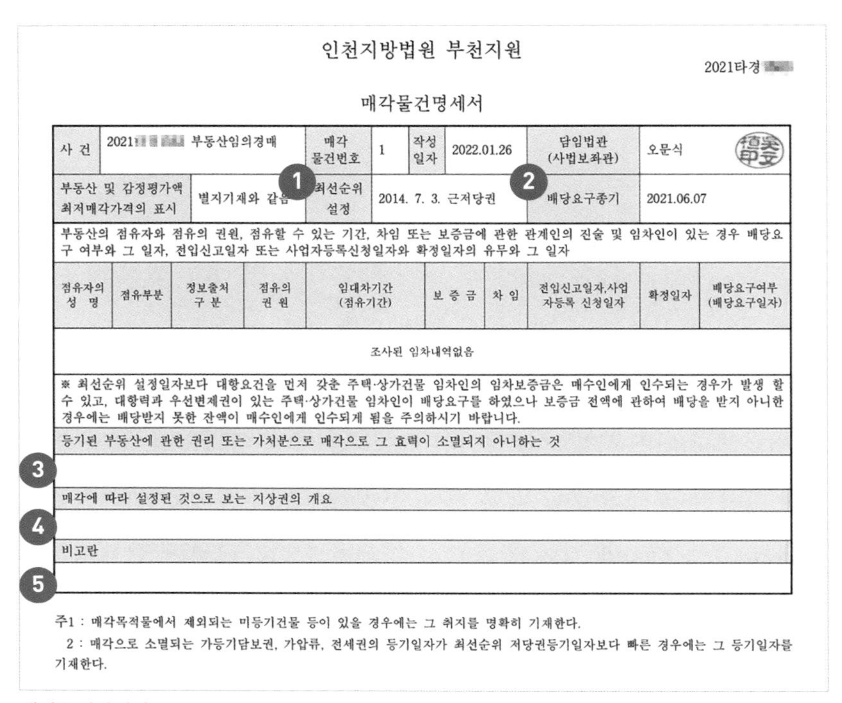

인천지방법원 부천지원

2021타경

매각물건명세서

사 건	2021 부동산임의경매	매각 물건번호	1	작성 일자	2022.01.26	담임법관 (사법보좌관)	오문식
부동산 및 감정평가액 최저매각가격의 표시	별지기재와 같음	최선순위 설정	2014. 7. 3. 근저당권			배당요구종기	2021.06.07

부동산의 점유자와 점유의 권원, 점유할 수 있는 기간, 차임 또는 보증금에 관한 관계인의 진술 및 임차인이 있는 경우 배당요구 여부와 그 일자, 전입신고일자 또는 사업자등록신청일자와 확정일자의 유무와 그 일자

점유자의 성 명	점유부분	정보출처 구 분	점유의 권 원	임대차기간 (점유기간)	보 증 금	차 임	전입신고일자,사업자등록 신청일자	확정일자	배당요구여부 (배당요구일자)
조사된 임차내역없음									

※ 최선순위 설정일자보다 대항요건을 먼저 갖춘 주택·상가건물 임차인의 임차보증금은 매수인에게 인수되는 경우가 발생 할 수 있고, 대항력과 우선변제권이 있는 주택·상가건물 임차인이 배당요구를 하였으나 보증금 전액에 관하여 배당을 받지 아니한 경우에는 배당받지 못한 잔액이 매수인에게 인수되게 됨을 주의하시기 바랍니다.

등기된 부동산에 관한 권리 또는 가처분으로 매각으로 그 효력이 소멸되지 아니하는 것

매각에 따라 설정된 것으로 보는 지상권의 개요

비고란

주1 : 매각목적물에서 제외되는 미등기건물 등이 있을 경우에는 그 취지를 명확히 기재한다.
2 : 매각으로 소멸되는 가등기담보권, 가압류, 전세권의 등기일자가 최선순위 저당권등기일자보다 빠른 경우에는 그 등기일자를 기재한다.

매각물건명세서

② 배당요구종기

이 집에 살고 있는 채권자 혹은 임차인이 권리신고를 할 수 있는 최종 날짜다. 임차인 등 '당연 배당권자'가 아니라면 배당요구종기일 내에 권리신고를 해야 한다.

③ 등기된 부동산에 관한 권리 또는 가처분으로 매각으로 그 효력이 소멸되지 아니하는 것

낙찰자가 인수해야 하는 권리가 있다면 표기된다. 빈칸이거나 '해당사항 없음'이라고 쓰여 있다면 안전한 물건이다.

④ 매각에 따라 설정된 것으로 보는 지상권의 개요

문제가 되는 지상권이 있다면 표기된다. 빈칸이거나 '해당사항 없음'이라고 쓰여 있다면 안전한 물건이다.

⑤ 비고란

낙찰받으려는 사람이 주의해야 하는 사항, 다시 한번 확인해야 할 사항이 기재된다. 비고란을 비롯해 ③, ④번 모두 빈칸이거나 '해당사항 없음'이라고 쓰여 있다면 권리 관계가 깨끗한 물건이다.

매각물건명세서는 경매가 진행될 때 해당 경매계에서 작성하여 신뢰도가 높은 문서다. 물론 사람이 작성하는지라 간혹 중요 정보를 누락하기도 한다. 예를 들면 소멸되지 않는 권리 표기가 누락되기도 하고, 서류상 신고되지 않은 위험한 권리가 현장에 숨어 있기도 한다.

하지만 경매계를 찾아가 문제를 제기하면 생각보다 쉽게 낙찰을 취소할 수 있다. 법원은 매각불허가 또는 매각허가결정에 대한 취소 등을 통해 반드시 책임지므로 걱정하지 않아도 된다.

등기사항전부증명서

매각물건명세서와 등기사항전부증명서만 잘 살펴봐도 실수할 확률이 현저히 줄어든다. 등기사항전부증명서에는 다음과 같은 내용이 담겨 있다.

① 표제부

토지와 건물에 대한 전반적인 내용으로, 주소, 면적, 구조, 층수, 등기에 대해 나와 있다.

② 갑구

소유권에 관한 내용이다. 소유자, 압류, 가압류, 경매기입등기, 가등기, 가처분 등의 사항이 기재되어 있다. 소유권 변동사항도 모두 나와 있다. 소유권이 언제 누구에게 이전되었는지 알 수 있으며 마지막 소유주를 확인하면 된다.

③ 을구

소유권 이외의 권리에 대해 나와 있다. 즉 근저당권, 전세권, 임차권, 지상권 설정 여부와 그 변경 사항이 표시돼 있다. 일반적으로 대출을 받은 경우 을구에 표시된다.

권리분석을 하기 위해서는 갑구와 을구 둘 다 확인해야 한다. 갑구와

등기사항전부증명서(말소사항 포함)

- 건물 -

고유번호 1101-2018-000405

[건물] 서울특별시 서초구 서초동

1 【 표 제 부 】 (건물의 표시)

표시번호	접 수	소재지번 및 건물번호	건 물 내 역	등기원인 및 기타사항
1	2018년4월19일	서울특별시 서초구 서초동 [도로명주소] 서울특별시 서초구 서초대로	시멘트블럭조 시멘트기와지붕 단층주택 85㎡	

2 【 갑 구 】 (소유권에 관한 사항)

순위번호	등 기 목 적	접 수	등 기 원 인	권리자 및 기타사항
1	소유권보존	2018년4월19일 제549호		소유자 김 600104-******* 서울특별시 서초구 서초대로 , 동 201호(서초동, 서초아파트)

3 【 을 구 】 (소유권 이외의 권리에 관한 사항)

순위번호	등 기 목 적	접 수	등 기 원 인	권리자 및 기타사항
1	근저당권설정	2018년4월19일 제550호	2018년4월19일 설정계약	채권최고액 금60,000,000원 채무자 김 서울특별시 서초구 서초대로 , 동 (서초동, 서초아파트) 근저당권자 이 750614-******* 서울특별시 종로구 창덕궁길 (계동) 공동담보 토지 서울특별시 서초구 서초동

-- 이 하 여 백 --

문서 하단의 바코드를 스캐너로 확인하거나, **인터넷등기소(http://www.iros.go.kr)의 발급확인 메뉴에서 발급확인번호**를 입력하여 **위·변조 여부를 확인할 수 있습니다. 발급확인번호**를 통한 확인은 발행일부터 3개월까지 5회에 한하여 가능합니다.

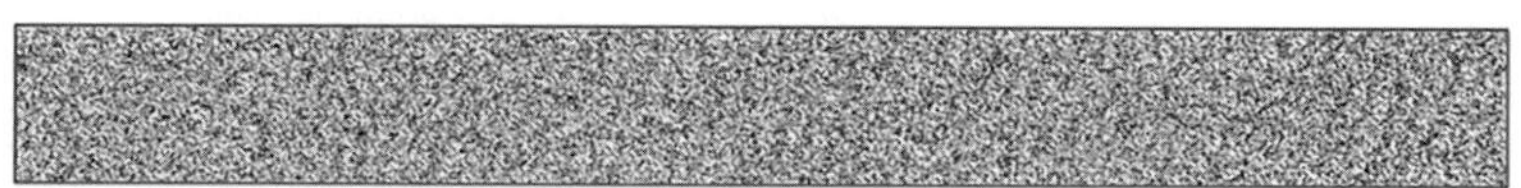

발행번호 11020111001208041010180191DEV0004523011105068Y1112 **발급확인번호 ATIL-HVDB-4058** **발행일** 2018/07/06

1/2

등기사항전부증명서

을구에 기재된 권리들은 접수 날짜 순서대로 나열하고 같은 구에서는 순위번호를 따른다. 만약 같은 구에서 동일한 날짜에 접수된 권리가 있다면 순위번호가 빠른 것을 찾으면 된다.

만약 (근)저당권이 은행인 경우 대부분 안전한 물건이다. 주변 시세와 비교했을 때 적정 가격이라면 수익을 낼 수 있다. 특수물건으로 큰 수익을 내는 사람들은 경매의 고수다. 그런데 오직 그런 물건만 수익이 난다면 집중적으로 공부해야겠지만 경매 시장에는 권리분석이 간단한 물건이 대다수다. 초보자가 굳이 어려운 길을 갈 필요는 없다.

대항력이 뭔지 모르면 대항력이 없는 물건만 입찰하면 된다. 그러면 대항력이 없는 임차인의 보증금은 인수하지 않아도 된다. 더 쉽게 가려면 채무자가 세를 주지 않고 실거주하는 집에만 관심을 두면 된다. 채무자와 거주자가 같은 경우 권리분석이 쉽다.

감정평가서

감정가가 얼마인지 확인하되 참고자료 이상의 의미를 두어서는 안 된다. 아파트처럼 비교할 수 있는 유사 물건이 많다면 시세를 쉽게 파악할 수 있지만 빌라를 포함해 토지, 상가, 임야, 공장처럼 자주 거래되지 않는 부동산은 가치를 정확히 파악하기 어렵다. 그래서 많은 이가 입찰가를 산정할 때 감정가를 기준으로 삼는 것이 현실이다.

감정평가 후에 나머지 경매 절차를 거치는 데는 몇 개월이 걸리며, 몇 차례씩 유찰이 되기도 한다. 그러다 보면 6개월 이상이 소요돼 그동안 시세가 바뀔 수도 있다. 입찰할 때는 감정가만 믿지 말고 스스로 시세를 파악해서 적절한 가격을 산정해야 한다.

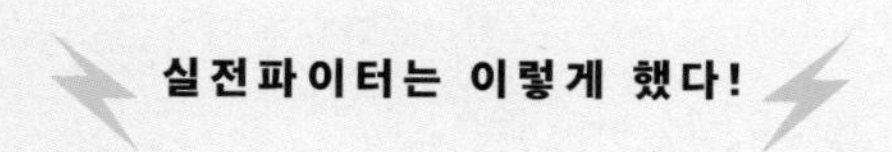

공식 문서만으로 쉽게 권리분석 하는 법

경매 정보지를 보다 보면 정확한 내용인지 확인하고 싶을 때가 있습니다. 또는 좋은 물건을 발견했을 때 몇 번이고 권리분석을 해보고 싶기도 하죠. 유료 경매 정보지만으로 확신을 가지기엔 부족합니다. 이때 아래 순서대로 공식 문서들을 살펴보면 조금 더 용기 있게 경매 투자를 할 수 있을 것입니다.

1. 경매 정보지를 통해 기본 정보를 확인

소재지가 어딘지, 소유자가 누군지 등 물건의 기본 정보를 확인합니다.

2. 감정평가서 확인

감정가 확인용으로 참고합니다. 보통 6개월~1년 전에 감정평가를 한 것이라 현재 시세와 다를 수 있습니다.

3. 매각물건명세서 확인

정확한 말소기준권리를 알 수 있고, 물건의 상태와 기타 사항 등을 파악할 수 있습니다. 경매 정보지와 비교해봅시다.

4. 등기사항전부증명서 확인

소유권 및 특수사항, 권리 등 공식적인 정보들이 모두 담겨 있습니다. 경매 정보지와 비교하여 반드시 2회 이상은 점검해야 합니다.

5. 해당 번지 인근 경매 물건의 진행 및 매각 사례 확인

인근 지역의 비슷한 경매 사례가 있으면 어떤 형태의 물건인지, 얼마에 낙찰됐는지를 유심히 살펴봅시다. 특수한 물건이 아닌 이상 경매 흐름이 유사하게 흘러가곤 합니다.

07

결정적 단서를 찾아라, 손품의 기술

발품 팔기가 임장이라면 손품 팔기는 인터넷 검색, 문서 열람, 전화 통화 등으로 정보를 얻는 일이다. 우리가 멀미가 나도록 손품을 팔고 신발이 닳도록 발품을 파는 건, 과연 이 물건을 낙찰받아도 될지 결정하기 위해서다. 즉 가치를 파악하기 위한 것이다.

먼저 가격을 알아야 한다. 여전히 빌라는 아파트에 비해 시세를 확인하기 어렵지만, 요즘은 부동산 거래 시 신고 의무가 있어 그나마 확인하기 쉬워졌다. 문제는 신축 빌라다. 신축 빌라는 가격을 알 수가 없다. 매매가든 전세가든 아무것도 믿을 수가 없다. 길을 가다 보면 '신축 빌라 실투자금 1,000만 원!'이라고 쓰인 현수막을 본 적이 있을 것이다. 어떻게 가능한 것일까?

빌라를 구입할 때 금전적 여유가 없는 경우, 많은 금액을 대출해야 한다. 실투자금 1,000만 원이라는 뜻은, 이를 테면 몇억 원의 대출을 받을 수 있게 해준다는 뜻이다. 만약 2억 원의 대출이 가능하다면 대출 2억 원에 실투자금 1,000만 원, 즉 빌라 가격은 2억 1,000만 원이라는 얘기다.

때로는 가격을 더 높게 쓰는 '업UP 계약서'를 통해 실투자금 1,000만 원도 대출을 해준다. 분양 대행업체는 대부업체와 미리 협약됐기 때문에 매수자의 자금 사정에 따라 대출을 받도록 도와줄 수 있다. 대출의 문턱이 다른 부동산에 비해 상대적으로 낮은 것이다.

그런데 이러한 신축 빌라는 부르는 게 값이라 가격에 거품이 끼어 있을 확률이 높다. 서울에 있는 빌라라 해도 입지가 좋지 않다면 아무리 집값이 올라도 평생 내가 산 금액에 도달하지 못할 수 있다. 물론 신축 빌라를 저렴하게 살 수 있다면 좋지만, 초보자로서는 어려운 일이다.

반면 10년 이상 된 빌라는 그동안의 거래 데이터가 차곡차곡 쌓여 있다. 업 계약서나 다운 계약서를 쓰는 경우도 적다. 은행에서도 주변의 거래 사례를 참고해 대출을 해주기 때문에 실거래가를 신뢰해도 좋다. 그래서 신축으로 처음 분양하는 빌라가 아니면서도 관리가 잘된 빌라가 투자하기에는 가장 적합하다.

그렇다면 빌라의 실제 가격을 확인하는 방법을 알아보자.

실거래가 확인하기

빌라의 거래 내역은 국토교통부 실거래가 공개시스템(rt.molit.go.kr)에서 확인할 수 있다. 해당 지역을 선택하고 빌라 이름을 입력하면, 매매는 물론 전월세 실거래 금액과 계약일을 확인할 수 있다.

하지만 거래가 많지 않은 빌라라면 실거래가 확인이 어렵다. 10년 전 거래가 가장 최근 거래일 수도 있고, 한 번도 거래된 적이 없는 빌라도 있기 때문이다. 이때는 주변 빌라의 거래 내역을 확인해보자. 빌라의 노후도, 평형 대가 유사하면 비슷한 가격에 거래되는 경우가 많다. 이마저도 여의치 않으면 해당 빌라의 공시가격을 확인해야 한다.

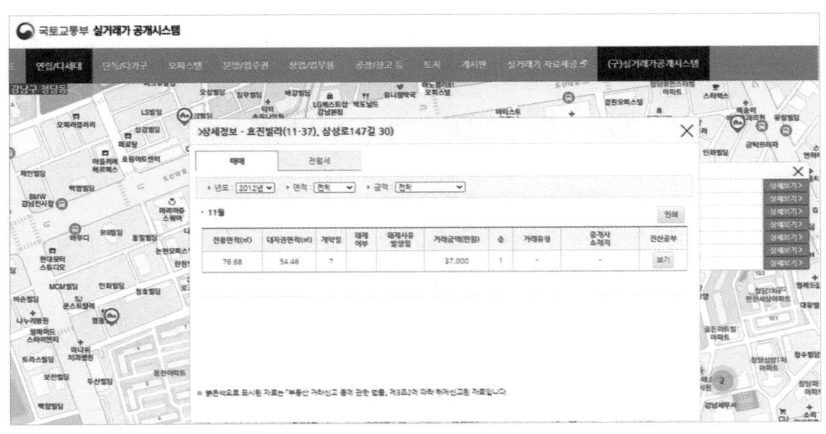

국토교통부 실거래가 공개시스템 검색 화면

공시가격 확인하기

공시가격은 부동산 공시가격 알리미(www.realtyprice.kr)에서 확인할 수 있다. 공시가격이란 정부가 매년 조사하고 산정해서 공시하는 주택 가격이다. 취득세를 비롯해 재산세, 종합부동산세를 부과하는 기준이 된다.

공시가격은 실거래가보다 낮은 게 일반적이다. 실거래가를 알 수 없는 경우 공시가격을 알면 물건의 적정한 가치를 대략 추산할 수 있다. 경매 물건 중 감정평가금액이 공시가격보다 현저히 낮으면 그 물건은 저평가일 확률이 높다. 단 비슷하거나 높을 때는 감정평가금액을 의심

부동산 공시가격 알리미 화면

해야 한다.

공시가격이 1억 원 미만인 경우 주택 수에 합산되지 않기 때문에 취득세 중과 배제가 적용된다. 따라서 1주택이나 다주택자라면 공시가격을 꼭 확인하자. 단, 공시가격은 매년 변동한다는 점에 주의하자.

부동산 앱 활용하기

입찰하고 싶은 물건의 가격을 파악하는 또 다른 방법은 직방, 다방, 부동산플래닛 등 부동산 거래 플랫폼을 활용하는 것이다. PC나 모바일로 실거래가를 간편하게 확인할 수 있다. 아래 그림처럼 매매가와 전월세 가격이 상세히 나와 있다. 내가 입찰하려는 빌라가 위치한 지역의 비

직방의 빌라 전세 및 매매가 확인 화면

슷한 물건들을 찾아보면서 시세를 파악해보자. 동일 지역의 가격, 층수, 면적 등을 짚어보며 비교하는 것이다.

물론 이런 정보들은 참고 사항일 뿐 절대적으로 믿고 입찰하면 안 된다. 반드시 현장에 나가 부동산중개소를 몇 군데 들러 확인해야 한다.

경매 정보지 확인하기

경매 정보지에는 해당 물건의 다양한 사진이 수록돼 있다. 지적도, 건물 외관, 현관 모습 등 모든 것이 중요한 정보이므로 샅샅이 살펴봐야 한다. 마치 탐정이 수사를 하듯이 보다 보면 결정적인 단서가 있을 수 있다. 엘리베이터, 현관문 등의 상태를 꼼꼼히 살펴보도록 하자.

경매 정보지에 실린 빌라 사진

08

진짜 정보는
현장에 있다

열심히 손품을 팔았으니 이제 발품을 팔 차례다. 손품을 판 덕분에 우리는 관심 물건에 대해 절반은 알게 됐다. 나머지 30퍼센트는 현장에, 20퍼센트는 정보를 해석하는 본인의 판단에 달려 있다. 그렇게 여러 조사를 통해 물건에 대한 확신을 키워가는 것이다.

사실 현장 조사를 하는 것은 번거로운 일이다. 직장인이라면 법원에 입찰 한 번 갈 때마다 조퇴를 하거나 연차를 써야 하는데, 임장까지 다니려면 주말을 반납해야 한다. 하지만 제대로 한번 임장을 하면 3~6개월은 같은 지역에 가지 않아도 된다. 이미 지역에 대해 빠삭하게 알고

임장 전 확인해야 하는 부동산 위치

★ 경매 물건이 나온 위치 ○ 주변 부동산

출처: 네이버 지도

있어 손품을 팔아 얻은 정보로도 입찰하기엔 충분하다.

우선 매물이 나온 동네의 부동산중개소를 방문해야 하는데, 네이버 지도에서 검색해 서너 곳을 추린다. 그런 다음 최소한 세 곳의 부동산중개소를 방문해 입찰하려는 물건과 비슷한 조건의 빌라 가격을 알아본다. 매매가, 전세가, 월세가를 모두 알아보되 방 개수별로 나눠서 물어보자. 가령 방 3개/화장실 2개, 방 3개/화장실 1개, 방 2개/화장실 1개인 물건 가격을 따로따로 알아본다.

그 지역에서 가장 인기 있는 방 개수와 평수까지 꼼꼼하게 조사한다면, 3~6개월 안에 그 지역의 다른 경매 물건이 나왔을 때 특별한 경우가 아닌 한 다시 현장 조사를 하지 않아도 된다.

부동산중개소에서 알짜 정보 얻는 법

용기를 내어 부동산중개소를 방문했지만, 초보자라면 무슨 말을 어떻게 해야 할지 난감할 것이다. 다음과 같은 방법들이 있으니 자신에게 맞는 방법을 찾아 적용해보자.

솔직하게 말하기

어설프게 연기를 하느니 초보임을 솔직하게 알리고 경매 물건 때문에 왔다고 한다. 부동산 투자에 대해 배우는 학생의 입장에서 읍소하는 전략이다. 이렇게 말문을 떼며 궁금한 점을 물어보자.

"○○빌라에 경매 물건이 나와서 여쭤보러 왔습니다. 그 빌라 매매가와 전세가가 얼마인지 알 수 있을까요?"

운 좋게 친절한 소장님을 만나면 초보자의 입장을 헤아려 자세히 알려준다. 하지만 좋은 경매 물건이라면 이미 여러 사람이 다녀갔을 확률이 높고, 간혹 문전박대를 당할 수도 있다. 그렇다고 해도 절대 기죽지 말자. 입장 바꿔 생각해 보면 당신을 문전박대한 부동산은 장차 고객이 될 사람을 한 명 잃는 것이기 때문이다.

전월세를 구하러 왔다고 말하기

많은 이가 사용하는 방법이다. 그래서 요즘은 잘 통하지 않거나, 전월세가를 더 비싸게 알려주기도 한다. 부동산중개소장은 부동산 전문가가 아니라 거래를 중개하고 수수료를 받는 사람이다. 매수자에게는 높게, 매도자에게는 낮게 불러 금액의 차이를 줄여야 거래가 성사될 확률이 높다. 이 방법은 시세를 정확히 알기 어렵기 때문에 추천하진 않지만 초보자가 비교적 수월하게 진행하면서 대략적 정보를 얻을 수 있다는 장점이 있다. 임장이 두렵다면 이 방법으로 먼저 시작해도 좋다.

세입자를 구하려는 집주인이라고 말하기

예를 들어 경매 물건이 A동 201호라면 같은 평수에 같은 구조인 A동 302호나 B동 102호 집주인이라고 하면서 요즘 전월세 시세를 알아보러 왔다고 하는 것이다. 상황 설정이 필요하기에 난이도가 있지만 가장 효과가 좋다. 이 방법은 전화로 해도 괜찮은데, 대화 흐름은 주로 이렇게 이뤄진다.

"소장님, 안녕하세요. ○○빌라 ○○○호 주인입니다. 세를 주려고 하는데 전세로 내놔야 할지 월세로 내놔야 할지 모르겠네요. 요즘 전세랑 월세 시세를 잘 몰라서요."

"아, ○○빌라요. 전월세 물건이 별로 없어서 보증금 1억 5,000만 원이면 전세는 금방 나갈 거예요. 월세는 4,000만 원에 70만 원이면 구해질 거예요."

이제 대략 시세는 파악했다. 뒤이어 시장 분위기를 넌지시 묻는다.

"요즘은 전세나 월세 중에 어떤 걸 많이 찾나요?"

"월세가 많이 올라서 아무래도 대부분 전세를 원하죠. 그래도 월세

구하는 사람들도 있어요. 그 대신 금액은 좀 조정해야 할 거예요."

"그렇군요. 전세로 할지 월세로 할지 고민해보고 알려드릴게요."

이렇게 자연스럽게 대화하면서 매매가, 동네 입주민 분위기 등도 물어본다. 경험상 전월세 세입자를 구하려고 하는 주인이라고 말했을 때 가장 정확한 정보를 얻을 수 있었다.

나는 주로 이 방법으로 시세를 알아본다. 아무리 부지런히 손품을 팔아 시세를 확인했어도 시세는 늘 움직이기에 알아본 가격이 실제와 다를 수 있다. 이 경우 부동산중개소에서 변동된 가격을 바로 알려주기도 했다.

참고로, 부동산중개소는 부동산을 팔고 떠날 사람보다 부동산을 사서 들어올 사람의 입장을 더 고려한다. 동네에서 오랫동안 마주칠 사람은 매도자가 아니라 매수자이기 때문이다. 부동산중개소 소장도 이를 아주 잘 알고 있다.

나는 시세 조사를 할 때 경매 물건만 보지 않는다. 경매에 나오지 않은 물건들의 시세도 같이 파악한다. 그렇게 그 지역을 하나하나 알아나가면 매번 임장을 가지 않아도 되는 것이다.

부동산중개소에서 충분히 정보를 얻어 내되 100퍼센트 믿지는 말자. 특히 거래가 활발하지 않은 빌라는 부동산중개소에서도 적정 가치를 모르고 있을 수 있다. 기회가 있을 때마다 계속 확인하는 것이 경매 투자의 기본이다.

경기도의 18평 빌라 3층을 낙찰받고 부동산중개소에 월세를 내놓으러 갔을 때였다. 소장님이 물었다.

"얼마에 내놓으시려고요?"

"보증금 1,000만 원에 월 60만 원이면 적당할 것 같아요."

"에이, 그건 너무 비싸지. 월 40만 원, 최대 45만 원에 내놔도 나갈까 말까 할 텐데. 요즘 시장이 워낙 안 좋아."

대부분의 사람들은 이 말에 흔들렸을 것이다. 하지만 나는 그 지역의 시세를 계속 확인하고 있었기 때문에 내가 책정한 금액이 비싸다고 생각하지 않았다. 그래서 내 기준을 고수했고 결국 원하는 대로 월세를 맞췄다.

반지하 빌라는 더하다. 요즘 반지하 찾는 사람도 없는데 그 가격에 나가겠냐고, 금액을 더 낮춰야 한다고 말하는 경우가 대부분이다. 보통 부동산중개소에서는 빌라를 낮게 평가하는 경향이 있다. 월세도 최대한 낮추라고 조언한다. 그래야 거래가 성사될 수 있기 때문이다.

부동산중개소에서는 비싸다고 한 가격이었지만 직방, 다방 등 직거래 사이트에 내놓으면 그 가격에 모두 세입자를 구할 수 있었다. 부동산중개소의 조언만 믿었다면 월세 수익률이 크게 떨어졌을 것이다.

현장 조사에서 반드시 알아봐야 할 것

이제 물건을 살펴보러 갈 때다. 앞서 매각물건명세서의 '비고란'에 대해 설명한 적이 있다. 비고란은 건물의 수치적 정보 외에 투자자가 반드시 알아야 할 건물의 하자 부분이 자세히 적혀 있다. 임장 전에 관심 있는 물건의 매각물건명세서를 확인한 뒤 실물로 확인해야 할 곳이 있는지를 체크하자.

예를 들어 화장실 배관을 수리해야 한다면 수리비가 얼마나 나올지 알아봐야 한다. 큰 공사를 진행해야 할 경우 수익률이 보장되지 않을 수 있다. 이렇게 되면 화장실 상태가 이 물건의 투자를 결정하는 중요한 요인인 것이다.

나는 이럴 때 직접 그 물건지에 찾아가 건물을 돌아보며 상태를 확인한다. 직접 볼 수 없더라도 하자 상태를 유추할 만한 단서를 발견할 수 있다. 이런 경우가 몇 번 있었는데, 대부분 성공적으로 물건 상태를 확인할 수 있었다. 이때 주의할 점은 빈집이라고 마음대로 들어가면 절대 안 된다는 것이다. 창문 너머로 살짝 보거나, 이웃과 만나 이야기하는 것은 가능하지만 비어 있다고 해당 물건에 들어가면 주거침입죄가 적용되니 주의하자.

다음은 매각물건명세서에 적혀 있지 않더라도 현장 조사에서 기본으로 확인해야 하는 요소들이다.

주차장

직접 가서 확인할 것들이 많지만, 나는 특히 저녁에는 주차장부터 확인한다. 차량이 많은지, 중형차나 고급 차가 있는지, 차량의 연식은 어느 정도인지 등을 훑어본다. 고급 차나 연식이 오래되지 않은 차가 많다면, 거주하는 사람들의 소득 수준이 비교적 높다는 의미다. 그 지역 빌라는 가격이 오르지 않는다고 생각해 매수하지 않고 세를 얻어 사는 이들이 많다는 뜻이기도 하다.

이런 동네는 거주하기 좋은 환경으로 전월세 수요가 있다면 충분히 투자 가치가 있다. 매매가가 크게 상승하지 않는다 해도 월세 투자를 하기에 충분히 매력적인 곳이다.

그에 비해 주차장 관리가 안 되는 노후 빌라들은 거주민의 생활 수준이 높지 않은 경우가 많다. 이에 따라 기대되는 월세가도 정해지니 임장을 가면 주차장 상태부터 살펴보라. 단, 서울은 주차장이 없어도 높은 수익률이 예상된다면 투자해도 좋다. 대중교통 인프라가 뛰어나기 때문인데, 서울과 경기도의 기준은 다르다는 것을 명심하자.

엘리베이터

엘리베이터가 있는 빌라는 층수에 상관없이 다들 선호한다. 엘리베이터가 있으면 건물 노후도가 심하지 않고 대부분 월 2~3만 원의 관리비를 받기 때문에 관리가 잘돼 있다. 이런 빌라는 전월세 상관없이 모두 잘 나간다.

주로 2000년대 이후 건축된 빌라는 엘리베이터를 보유한 경우가 많고, 그 이전에 건축된 빌라는 없는 경우도 많다. 이는 건축일과 경매 정보지에 실린 사진들을 보고 사전에 알아볼 수 있다.

엘리베이터 없는 노후 빌라라면 선호도가 높은 층은 (4층 건물일 경우) 1~2층이다. 저층부가 이삿짐 등을 옮기기가 수월하고 의외로 고층부보다 하자가 적다. 만약 수도관, 배관 등에 하자가 생겼더라도 고층부에 비해 쉽게 수리할 수 있다. 또한 1층에는 테라스, 4층에는 복층 같은 보너스 면적이 숨어 있을 수 있다. 그러므로 엘리베이터 없는 빌라라면 저층부를 우선으로 두고 매수하자.

출입구 관리 상태

아파트 단지에서 주출입구의 문주가 해당 아파트의 이미지를 결정하는 것처럼 빌라에서도 관리의 척도는 출입문의 상태이다. 최근 신축들은 반드시 비밀번호를 입력해야만 드나들 수 있어 상당히 깔끔하다. 비밀번호가 있는 건물은 거주민의 보안뿐만 아니라 청결까지 우수하다. 반면 오래된 빌라 중에는 문에 열쇠 광고 스티커가 덕지덕지 붙어 있거나, 주인 없는 폐자전거가 놓여 있는 등 관리가 전혀 안 된 경우가 많다.

그러나 투자의 관점에서 수익률과 노후도는 정비례 관계가 아니다. 노후했다고 해서 수익이 안 나는 물건이 아니라는 말이다. 이 같은 정보는 입찰가를 산정하기 위해 빌라의 노후도를 파악하는 데 참고만 하자.

주변 환경

지하철역, 학교, 대형 마트, 공원 등 생활 인프라를 살펴본다. 경기도에서 신혼부부와 아이들이 많은 지역은 70만 원 이상의 월세를 받을 수 있다(2023년 기준). 지도로도 확인할 수 있고 차량을 가지고 돌아볼 수도 있지만, 직접 걸으면서 주변 환경을 돌아보는 것을 추천한다. 그래야 거주하기 편리한 곳인지 아닌지가 분명히 체감된다.

빌라들은 하나의 마을처럼 좁은 간격을 두고 밀집되어 분위기가 천차만별이다. 어떤 빌라는 너무 붙어 있어 사생활 보호와 소음에 취약하고, 어떤 빌라는 너무 외따로 떨어져 있어 보안이 걱정되기도 한다. 또한 재활용품 분리수거, 음식물 쓰레기 관리, 주차의 용이성 등도 빌라마다 다르다. 이 부분들은 사소하지만 실제 거주하는 데 중요한 요소들이니 동네를 돌아다니면서 눈으로 쓱 체크하자.

다음은 현장에서 반드시 조사해야 할 세부 항목들이다. 건물 및 시세 조사부터 부동산 방문, 점유자 혹은 전입세대 열람까지 임장 가서 해야 할 일이 너무나 많다. 모든 항목이 중요하니 종이 한 장에 목록으로 만들어 물건지에 방문할 때 지참하자. 막상 현장에 도착하면 무엇부터 봐야 하는지 헷갈리기 때문이다.

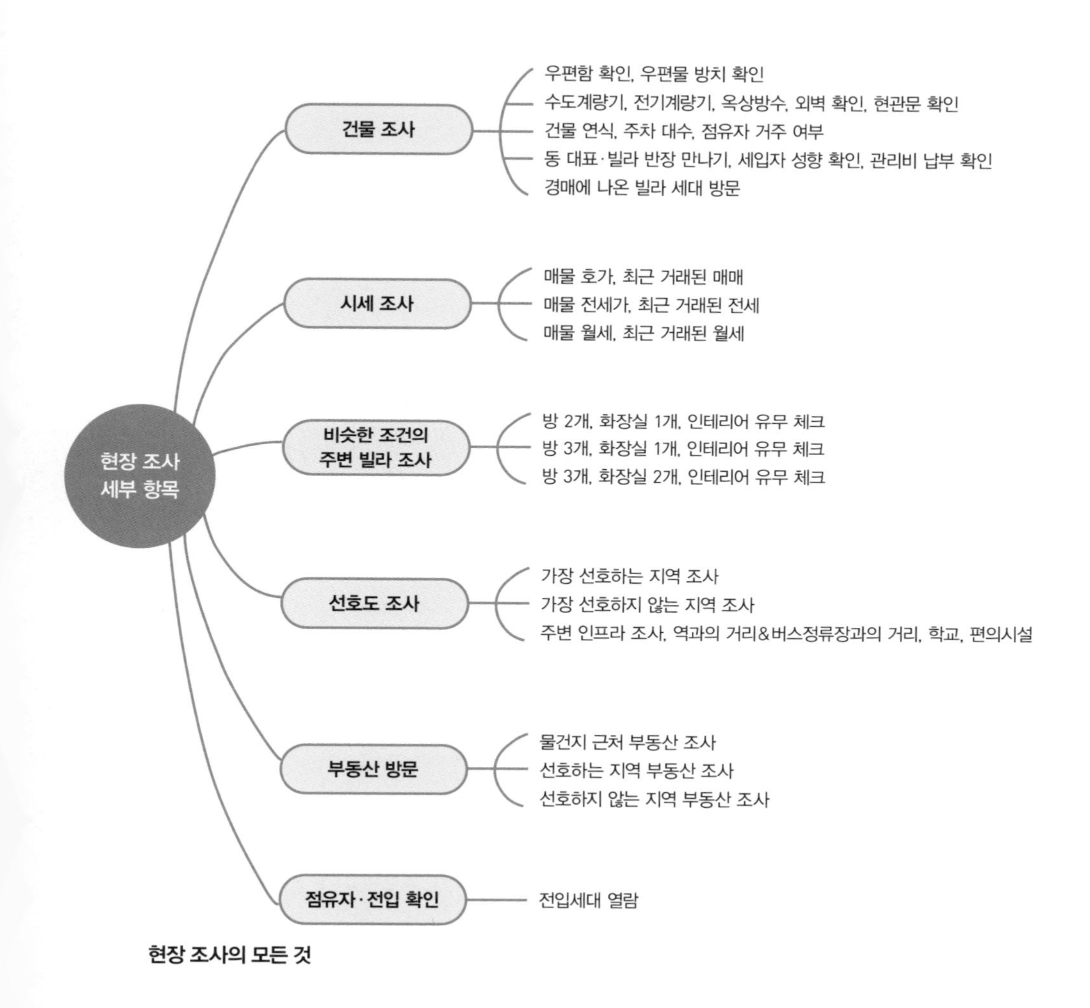
현장 조사
세부 항목
건물 조사
우편함 확인, 우편물 방치 확인
수도계량기, 전기계량기, 옥상방수, 외벽 확인, 현관문 확인
건물 연식, 주차 대수, 점유자 거주 여부
동 대표·빌라 반장 만나기, 세입자 성향 확인, 관리비 납부 확인
경매에 나온 빌라 세대 방문
시세 조사
매물 호가, 최근 거래된 매매
매물 전세가, 최근 거래된 전세
매물 월세, 최근 거래된 월세
비슷한 조건의
주변 빌라 조사
방 2개, 화장실 1개, 인테리어 유무 체크
방 3개, 화장실 1개, 인테리어 유무 체크
방 3개, 화장실 2개, 인테리어 유무 체크
선호도 조사
가장 선호하는 지역 조사
가장 선호하지 않는 지역 조사
주변 인프라 조사, 역과의 거리&버스정류장과의 거리, 학교, 편의시설
부동산 방문
물건지 근처 부동산 조사
선호하는 지역 부동산 조사
선호하지 않는 지역 부동산 조사
점유자·전입 확인
전입세대 열람

현장 조사의 모든 것

09

특명,
수익률을 구하라

경매 투자에서는 적정 수익률을 책정하는 것이 중요하다. 그렇다면 어느 정도의 수익률을 예상해야 안심하고 입찰에 들어갈 수 있을까?

나는 10~20퍼센트 이상의 수익률(레버리지 포함 시)이 예상된다면 망설임 없이 입찰하는 편이다. 그리고 대출을 활용하여 투자금 대비 수익률을 높인다. 요즘같이 대출금리가 높아지는 시기에는 보수적으로 접근하긴 하지만 결국 금리가 상승하면 월세도 금리에 맞춰 상승한다. 월세는 전세와 다르게 가격이 한번 상승하면 쉽게 내려가지 않는다. 수익률 관점에서 큰 차이가 없는 것이다.

수익률을 계산할 때는 '임대 수익률 계산기'를 사용하는데 각각의 항목에 입력하면 자동으로 계산해준다. 이 계산기는 유료 경매 정보 사이트에서 사용할 수 있고 항목이 간단하여 직접 엑셀 시트로 만들 수 있다.

나는 모바일 앱 임대 수익률 계산기(다음 페이지 참고)를 사용하는데, 지금까지 예상 수익률과 큰 오차는 없었다. 그러나 돈과 관련된 것이니만큼 직접 몇 차례 계산해 보고 보수적으로 접근해야 한다.

그렇다면 임대 수익률 계산기의 항목은 무엇이 있을까?

- 매수 가격: 예상 낙찰 가격, 즉 입찰 가격을 입력한다.
- 대출금: 대출이 얼마나 나오느냐에 따라 실투자금도, 수익률도 달라진다. 은행에 알아보거나 대출 전문가에게 상담해보고 추정한 금액을 입력한다.
- 대출금리: 대출금리가 계속 오르고 있으니 꼼꼼히 확인하고 입력한다.
- 임대 보증금: 미리 확인한 시세를 바탕으로 산정한 월세 보증금을 입력한다.
- 월세: 발품을 팔거나, 직방 등 부동산 거래 플랫폼을 통해 미리 확인한 시세를 바탕으로 월세를 입력한다.
- 기타 비용: 취득세, 등록세, 법무비, 공과금, 수리비, 명도 비용 등을 예상해서 입력한다. 수리비나 명도비에서 아낄 수 있으면 좋겠지만, 최소 500만 원은 써야 한다고 예상하고 책정하면 마음이 편하다.

임대수익률

매수가격	100,000,000 원
대출금	0 원
대출금리	0.0 %
임대보증금	10,000,000 원
월세	600,000 원
기타비용	4,000,000 원
계산하기	
실 투자금	94,000,000 원
연 수익금	7,200,000 원
연 수익률	7.66 %

초기화 | 자세히 보기

※ 본 계산기를 통한 결과는 실제 비용과 상이할 수 있으니 참고용으로만 이용하시기 바랍니다.

A. 대출하지 않았을 때의 수익률 계산

임대수익률

매수가격	100,000,000 원
대출금	80,000,000 원
대출금리	4.5 %
임대보증금	10,000,000 원
월세	600,000 원
기타비용	5,000,000 원
계산하기	
실 투자금	15,000,000 원
연 수익금	3,600,000 원
연 수익률	24.00 %

초기화 | 자세히 보기

※ 본 계산기를 통한 결과는 실제 비용과 상이할 수 있으니 참고용으로만 이용하시기 바랍니다.

B. 대출받았을 때의 수익률 계산

※ B의 경우 대출로 인한 법무 비용 증가로 기타 비용에 100만 원이 추가됐다.

A과 B는 같은 빌라를 낙찰받았을 때 대출 유무에 따른 수익률 차이를 보여준다. 내용에서 확인할 수 있듯이 대출을 받지 않아도 수익률 면에서는 훌륭한 투자다. 대출이자를 내지 않아도 돼 매월 60만 원이 통장에 꼬박꼬박 들어온다(A). 그러나 이 경우 실투자금이 약 1억 원으

로, 내 돈이 고스란히 이 투자에 들어간다. 이는 다른 물건에 투자할 기회를 잃는다는 의미다.

반면 대출 8,000만 원을 받고, 실투자금 2,000만 원을 투자한 B의 경우는 대출이자를 감안해도 연 수익률이 24퍼센트이다. 연 수익금은 절반가량 줄지만 다른 투자를 할 수 있는 자금력이 확보된다. 이 돈으로 다른 투자처를 알아보면 된다.

인간은 예측할 수 없는 것 앞에서 불안에 휩싸인다. 투자에서도 마찬가지라 수익률을 다각도로 계산해 보는 것이 중요하다. 모든 가정과 예측이 수익을 향한다면 망설일 것도 없다. 마음이 편해야 투자도 잘되니 막연한 느낌이 아니라 구체적인 숫자로 접근하자.

최고의 수익을 위하여

앞서 설명한 투자에서 매각물건명세서에 하자 표기가 있었음에도 입찰을 진행한 적이 있다고 했다. 수익률 관점에서 왜 이 물건이 매력적이라고 판단했을까?

이 물건은 분명히 초보자라면 입찰을 망설였을 게 분명한 빌라였다. 비고란에 명확히 이렇게 적혀 있었기 때문이다.

- 발코니 부분 불법 증축으로 행정처분 등 예정

- 건물 마감 시공 미비로 화장실이 제 기능 못해 창고로 사용 중
- 기타 발코니 마감 부실

이 내용을 보고 어떤 사람은 입찰을 포기하기도 하고, 낙찰을 받았더라도 덜컥 겁이 나 반려했을 수도 있다. 그러나 나는 그렇게 하지 않았다. 빌라의 상태, 간단한 권리분석 등을 살펴보니 수리를 조금 한다면 이익을 얻을 수 있을 것 같았다.

우선 불법 증축에 대한 벌금과 화장실, 발코니 수리비를 기타 비용으로 잡고 계산했다. 기타 비용은 다음과 같이 책정했다. 수리비는 약 3년 전 기준임을 참고하자.

- 발코니 부분 불법 증축으로 행정처분 예정
  : 벌금 50만~60만 원
- 건물 마감 시공 미비로 화장실이 제 기능 못해 창고로 사용 중
  : 배관 청소 20만~30만 원, 변기·세면대·타일 교체 70만 원
- 기타 발코니 마감 부실
  : 마감 공사 25만 원
- 도배, 장판, 싱크대 및 기타 수리비
  : 300만 원

넉넉하게 수리 비용을 책정해도 20퍼센트의 예상 수익률이 나와 입

찰을 결심했다. 다행히 낙찰을 받았고, 명도와 수리를 마치고 월세 세입자를 받았다. 실제로 들어간 비용으로 다시 계산하니 예상 수익률보다 훨씬 높았다. 수리비가 다 합해서 300만 원 선에서 해결됐기 때문이다. 비고란에 고지된 문제는 크지 않았던 것이다. 청소와 도색은 셀프로 진행하고 마무리했다. 그렇게 수리비를 아끼고 수익률도 높일 수 있었다.

때로는 과감한 대출이 필요하다

2020년에 낙찰받았던 일산 3층 빌라는 대출을 최대한으로 받아 수익률을 높였다. 낙찰가가 1억 1,000만 원이었고, 1억 원을 대출받았다. 기타 비용은 약 250만 원이 들었고, 월세는 보증금 1,000만 원에 60만 원을 받았다(2020년 기준).

대출 1억 원과 월세 보증금으로 받은 1,000만 원으로 집값이 충당됐다. 따라서 실투자금은 기타 비용으로 쓴 250만 원이 전부였다. 내 돈은 하나도 들어가지 않은 것이나 마찬가지였다.

이 빌라에서 1년간 나오는 월세가 720만 원, 대출이자는 약 270만 원이니(2,728,978원) 1년에 450만 원의 순수익이 생겼다. 수익률은 180퍼센트로 매우 높았다. 이 물건도 단독 입찰한 물건이라 경쟁도 세지 않았고 명도도 수월했다. 최고의 물건이라 할 수 있는데, 놀라운 사실은 지금도 이런 물건은 수도 없이 나오고 있다는 것이다.

물론 금리가 낮을 때였지만 현재 상황에서도 어렵지 않다. 재차 말하지만 금리가 높아진 만큼 월세도 상승했기 때문이다. 집값이 크게 하락했다고 하지만 빌라는 큰 변동이 없으며, 월세는 오히려 올랐다. 빌라 투자의 장점 중 하나다.

< 2019 타경

> 기일현황

회차	매각기일	최저매각금액	결과
신건	2020-06-30	207,000,000원	유찰
2차	2020-08-04	144,900,000원	유찰
3차	2020-09-08	101,430,000원	매각
구OO/입찰1명/낙찰110,000,000원(53%)			
	2020-09-15	매각결정기일	허가
	2020-10-23	원	납부
	2020-12-08	배당기일	완료

일산 3층 빌라의 낙찰 현황

10

낙찰받으러 법원에 가볼까

자, 이제 그간의 노력이 결실을 맺을 때다. 수익률이 확실하고, 권리분석도 잘된 물건을 낙찰받기만 하면 꿈에 그리던 집주인이 된다. 처음 법원을 방문하는 사람에게는 분주한 경매 풍경이 낯설고 두렵기만 하지만 그다음에는 이내 익숙해진다. 그럴 때쯤 당신은 낙찰의 기쁨을 맛보기도, 패찰의 씁쓸함을 맛보기도 할 것이다. 그 모든 과정에서 배우고 성장한다면 경험이 차곡차곡 쌓이며 결국 안정적인 현금흐름을 갖게 될 것이다.

먼저 입찰하기 전 명심해야 할 마음가짐에 대해 알아보겠다. 많은 사람이 나에게 처음으로 물어보는 것이 있다.

"어떻게 그렇게 수익률 좋은 물건을 낙찰받으셨어요?"

이에 대한 답은 항상 똑같다.

"음…. 글쎄요. 입찰을 꾸준히 했는데 운이 좋았어요."

명쾌하고 단순한 답변을 원하는 사람들은 실망스럽겠지만 나는 그 방법을 모른다. 다만 입찰을 꾸준히 하려 노력한다. 초보자들은 처음의 열정과 무관하게 세 번 정도 패찰을 경험하다 보면 자신감과 의지가 꺾이는 경우가 많다.

경매 투자에서 꾸준함을 입증하는 것은 '입찰 횟수'다. 성공적인 투자를 하는 사람들은 수많은 실패에도 굴하지 않고 입찰에 계속 도전한다.

'입찰을 해야 낙찰받는다.'

너무나 당연한 소리지만 현장 조사만 하고 모의 입찰만 하는 사람들이 많다. 실천하기가 두려워 직접 입찰장에 가지 않고 모의 입찰만 반복하는 것이다. 두 명 입찰에 1억 원 이상 차이가 나서 패찰, 10만 원 차이로 패찰, 열네 명이 입찰해서 패찰 등 다양한 이유로 딱지를 맞아도 계속하는 게 중요하다.

단, 이것 하나만은 기억하자. 우리는 수익을 내기 위해 경매를 하는 사람이지 낙찰받기 위해 경매를 하는 사람은 아니다. 본인의 엄격한 기준을 정해 수익 구간에 있는 물건을 계속해서 선별해서 입찰, 또 입찰하는 게 중요하다. 나는 단독 낙찰이 많은데 꾸준하게 조사하고, 입찰한 결과이기도 하다. 경험이 쌓일수록 남들이 꺼리지만 수익률이 높은 물건이 잘 보인다. 다양한 문제를 해결하는 능력이 향상된다면 낙찰 확률도 동시에 올라간다.

낙찰받기 위해 무한정 가격을 높여 쓰는 게 아니라 감당할 만한 물건을 어떻게 저렴하게 취득할 수 있는지의 관점에서 고민해보자.

나는 매일 법원에 들어설 때마다 '나는 오늘도 패찰하러 간다'라고 생각한다. 패찰을 하러 가서 패찰하면 덜 흔들린다.

경매 전 준비해야 할 것

큰돈을 들여 투자하니만큼 본인 입찰로 진행하는 게 좋다. 하지만 물건지가 지방이거나 시간이 도저히 없을 때는 대리인 입찰도 가능하다. 누가 진행하느냐에 따라 서류가 달라지니 필수 구비 서류를 꼼꼼히 확인해야 한다. 또한 본인이 입찰할 경우 일반 도장도 괜찮지만, 대리인 입찰이나 공동입찰일 때는 반드시 인감도장이 필요하다.

경매에서는 입찰금의 10퍼센트(재매각인 경우 20퍼센트)를 보증금으로 당일 지불해야 한다. 1억 원인 물건을 입찰할 땐 현장에서 1,000만 원의 보증금(현금)을 미리 준비해야 한다는 것이다. 상당히 큰 금액인 현금을 직접 소지하기에 부담스러우니 꼭 수표로 교환해 가자. 이때 법원에 주로 입점한 신한은행에서 수표를 발행하는 게 편리하다.

아래는 입찰 형태에 따른 필수 준비물이다. 경매 전날 빠짐없이 챙겨 당일 놓치지 않도록 하자.

본인 입찰

신분증, 도장, 입찰 보증금

대리인 입찰

입찰자의 인감도장, 입찰자의 인감증명서, 위임장, 대리인 신분증, 대리인 도장, 입찰 보증금

2인 이상의 공동입찰

공동입찰신고서, 공동입찰자 목록, 불참자의 인감증명서, 불참자의 인감도장, 참석자의 신분증과 도장, 입찰 보증금

특히 공동입찰 시 알아둬야 할 것이 있다. 이때 필요한 서류는 세 가지인데 기일입찰표, 공동입찰신고서, 공동입찰자 목록이 그것이다. 기일입찰표를 작성할 때 본인 성명란에 '별첨 공동입찰자 목록 기재와 같음'이라고 꼭 작성해야 한다.

또한 공동입찰자 목록에는 지분을 정확히 작성해야 추후 효력이 있다. 지분을 정확히 작성하지 않으면 공동입찰자 모두 균등한 비율로 간주한다.

세 문서에 공동입찰자 전원이 간인을 해야 한다는 것도 잊지 말자. 챙겨야 할 자료들이 많아서 공동입찰은 경매 고수들에게 추천하지만 찾아보면 블로그 등에도 상세히 전 과정이 나와 있어 초보자들도 가능하다.

기일입찰표 작성해보기

초보자라면 법원에 가기 전에 미리 기일입찰표를 작성해서 가자. 법원에 가서 직접 써도 되지만 대법원 경매 사이트에서 미리 다운받아 완벽하게 준비해갈 수 있다.

이제 '기일입찰표' 문서를 하나하나 살펴보도록 하겠다(다음 페이지 참고). 상단에서부터 작성하면 된다. 먼저 사건번호와 물건번호를 경매 정보지에 나온 대로 정확히 적는다. 물건번호란 사건번호 옆에 숫자가 기재된 것을 말하는데 한 사건에 여러 가지 물건이 함께 나온 경우 구분해주기 위해 사용된다.

예를 들어 5층짜리 다세대주택의 여러 세대가 한 번에 경매가 나왔을 때 사건번호 뒤에 '1번, 2번, 3번, 4번…' 순서대로 번호가 붙는 것이다. 이럴 땐 물건번호를 기재한다. 따로 없으면 빈칸으로 둔다. 입찰자 중 '본인'은 해당 경매 물건의 소유주가 될 사람을 의미한다. 인적사항을 주민등록증에 등록된 형식으로 적고, 대리인 항목은 대리인 진행이 아니라면 비워둔다.

[전산양식 A3360] 기일입찰표(흰색)　　　　용지규격 210mm×297mm(A4용지)

(앞면)

기 일 입 찰 표

의정부지방법원 집행관 귀하　　　　입찰기일 : 2022년 07월 01일

사건번호	2022 타경 1234 호	물건번호	※물건번호가 여러개 있는 경우에는 꼭 기재

입찰자					
본인	성명	홍길동 ㊞	전화번호	010-1234-5678	
	주민(사업자)등록번호	900101-1111111	법인등록번호		
	주소	서울시 강남구 OO동 OO번지			
대리인	성명	㊞	본인과의 관계		
	주민등록번호	대리인 입찰시에 기재	전화번호	-	
	주소				

입찰가격	천억	백억	십억	억	천만	백만	십만	만	천	백	십	일	
				1	5	0	0	0	0	0	0	0	원

보증금액	백억	십억	억	천만	백만	십만	만	천	백	십	일	
				1	5	0	0	0	0	0	0	원

보증의 제공방법	☑ 현금·자기앞수표 ☐ 보증서	보증을 반환 받았습니다. 입찰자 홍길동 ㊞

주의사항.

1. 입찰표는 물건마다 별도의 용지를 사용하십시오. 다만, 일괄입찰시에는 1매의 용지를 사용하십시오.
2. 한 사건에서 입찰물건이 여러개 있고 그 물건들이 개별적으로 입찰에 부쳐진 경우에는 사건번호외에 물건번호를 기재하십시오.
3. 입찰자가 법인인 경우에는 본인의 성명란에 법인의 명칭과 대표자의 지위 및 성명을, 주민등록란에는 입찰자가 개인인 경우에는 주민등록번호를, 법인인 경우에는 사업자등록번호를 기재하고, 대표자의 자격을 증명하는 서면(법인의 등기사항증명서)을 제출하여야 합니다.
4. 주소는 주민등록상의 주소를, 법인은 등기부상의 본점소재지를 기재하시고, 신분확인상 필요하오니 주민등록증을 꼭 지참하십시오.
5. **입찰가격은 수정할 수 없으므로, 수정을 요하는 때에는 새 용지를 사용하십시오.**
6. 대리인이 입찰하는 때에는 입찰자란에 본인과 대리인의 인적사항 및 본인과의 관계 등을 모두 기재하는 외에 본인의 위임장(입찰표 뒷면을 사용)과 인감증명을 제출하십시오.
7. 위임장, 인감증명 및 자격증명서는 이 입찰표에 첨부하십시오.
8. 일단 제출된 입찰표는 취소, 변경이나 교환이 불가능합니다.
9. 공동으로 입찰하는 경우에는 공동입찰신고서를 입찰표와 함께 제출하되, 입찰표의 본인란에는"별첨 공동입찰자목록 기재와 같음"이라고 기재한 다음, 입찰표와 공동입찰신고서 사이에는 공동입찰자 전원이 간인 하십시오.
10. 입찰자 본인 또는 대리인 누구나 보증을 반환 받을 수 있습니다.
11. 보증의 제공방법(현금·자기앞수표 또는 보증서)중 하나를 선택하여 ☑표를 기재하십시오.

기일입찰표

문서를 작성할 때 신경을 곤두세워야 할 부분은 역시 하단의 금액란이다. 입찰 가격과 보증금액을 절대 바꿔 쓰면 안 된다. 보증금액은 보통 최저매각가격의 10퍼센트이고, 재매각인 경우는 20퍼센트이므로 사전에 반드시 확인해야 한다.

또한 금액을 작성할 때는 정확히 작성했는지 두세 번 확인해야 한다. 설마 내가 이런 걸 실수할까 싶겠지만 상당히 많은 사람이 금액 오기입으로 큰 고통을 겪는다. 입찰가가 1억 원인 물건에 0을 하나 더 붙여 10억 원으로 입찰해 낙찰된 사람도 종종 있다. 보증금을 고스란히 국가에 헌납할 수 있으니 조심, 또 조심하자!

기일입찰표는 절대 수정할 수 없다. 글씨가 틀리면 무조건 폐기하고 새 문서에 작성한다. 모든 노력이 무효 처리가 되는 불상사가 일어나지 않도록 주의하자.

이외에 챙길 것들

기일입찰표를 작성했다면 입찰봉투와 매수신청보증봉투를 작성해보자. 이 두 봉투에도 지정된 곳에 정확히 도장을 찍어야 한다.

입찰봉투와 매수신청보증봉투

입찰봉투는 큰 황색 봉투인데 봉투 전면부에 제출자의 이름을 적고

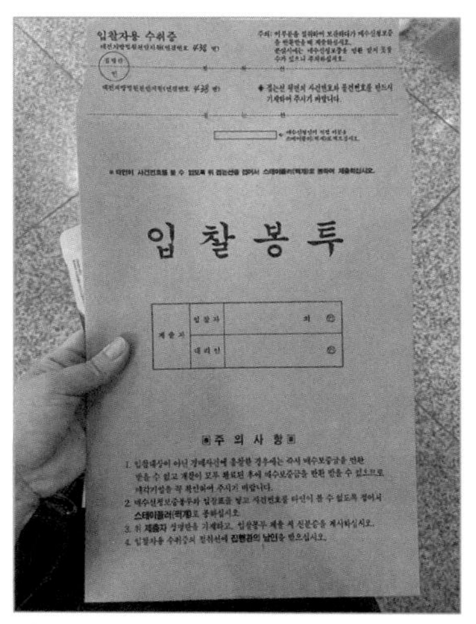

입찰봉투

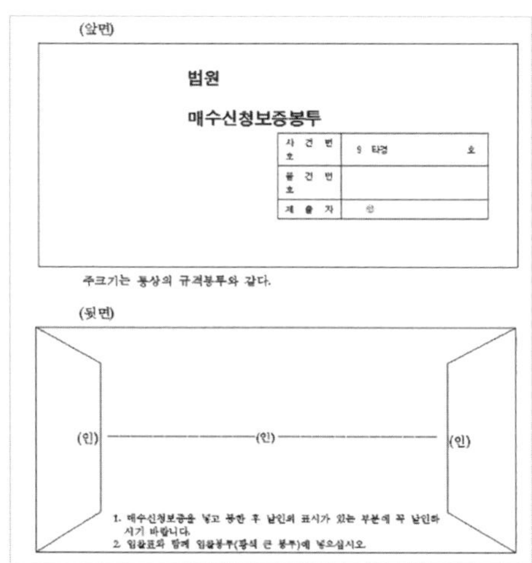
(앞면)

법원

매수신청보증봉투

사 건 번 호	타경 호
물 건 번 호	
제 출 자	인

주크기는 통상의 규격봉투와 같다.

(뒷면)

(인) ———— (인) ———— (인)

1. 매수신청보증을 넣고 봉한 후 날인의 표시가 있는 부분에 꼭 날인하시기 바랍니다.
2. 입찰표와 함께 입찰봉투(황색 큰 봉투)에 넣으십시오.

매수신청보증봉투

날인한다. 뒷면에도 사건번호, 물건번호를 적고 날인 위치에 도장을 찍는다. 작성된 입찰봉투에 기일입찰표와 보증금이 들어 있는 매수신청보증봉투를 모두 넣어 신분증과 함께 제출한다. 집행관이 신분증을 확인한 후 입찰봉투의 일부를 잘라 제출자에게 주는데, 패찰 시 이를 제출하면 입찰보증금을 돌려받는다.

전국의 법원은 입찰 마감 시간이 조금씩 다르다. 입찰 마감 시간까지 입찰하지 못하면 참여도 한 번 못하고 돌아와야 한다. 이때 법원 주차장의 위치나 입찰 법원들의 특징을 미리 알아두면 좋다. 일반적으로 당일은 경매 참여자들로 인해 법원 주차장이 대부분 만차다. 법원에 진입하기까지 30분 정도 걸리는 경우도 허다하다. 법원 주차장 대신 인근 주차장을 이용하는 것을 추천한다.

실전파이터는 이렇게 했다!

입찰 당일, 낙찰 확률을 높이는 법

수백 번 경매 법원을 오가고 입찰과 패찰을 반복하면서 어떻게 하면 낙찰이 될지 고민을 많이 했습니다. 현장에서는 1원 차이로 낙찰과 패찰이 결정되거든요. 경매는 많은 요소에서 운이 작용하지만 수많은 시행착오 끝에 몇 가지 노하우가 생겼습니다. 한번 따라 해보시겠어요?

1. 입찰 당일 해당 물건의 '오늘의 조회수' 확인

오늘의 조회수가 높을수록 관심이 많은 물건이겠죠? 조회수가 0이라면 아마도 경쟁이 덜할 겁니다. 이런 물건의 경우 최소 입찰가를 설정합니다.

2. 경매 집행 10분 전 경매 참여 인원수 확인

몇천만 원의 입찰가 중 100만 원대는 그날 경매 법원의 분위기에 따라 금액을 결정합니다. 10분 전에 경매 참여 인원 수를 확인할 수 있는데요. 입찰자가 많은 것 같다면 100만 원대를 조정해 가장 높은 가격으로 설정합니다. 이를 테면 예상 입찰가의 범위를 5,100만~5,900만 원 사이로 정해 놓고 그날의 경매 열기에 따라 유동적으로 대처한다는 뜻입니다.

주요 법원별 입찰 시간

법원	저감률 재매각보증금 저감률 비고	오전 입찰 시작 입찰 마감 개찰 시간	오후 입찰 시작 입찰 마감 개찰 시간
서울–중앙	저 20% 재 20%	10시 00분 11시 10분 11시 30분	
서울–동부	저 20% 재 20%	10시 00분 11시 20분 11시 30분	
서울–서부	저 20% 재 20%	10시 00분 11시 10분 11시 30분	
서울–남부	저 20% 재 20%	10시 00분 11시 10분 11시 25분	
서울–북부	저 20% 재 20%	10시 00분 11시 10분 11시 30분	
의정–본원	저 30% 재 20%	10시 30분 11시 50분 12시 00분	15시 30분 16시 50분 16시 50분
의정–고양	저 30% 재 20%	10시 00분 11시 20분 11시 30분	
의정–남양	저 30% 재 20%	10시 30분 11시 50분 12시 00분	
인천–본원	저 30% 재 20%	10시 00분 11시 20분 11시 40분	
인천–부천	저 30% 재 20%	10시 00분 11시 10분 11시 30분	

수원–본원	저 30% 재 20%	10시 40분 11시 40분 12시 00분	
수원–성남	저 30% 재 20%	10시 00분 11시 10분 11시 30분	14시 00분 15시 10분 15시 30분
수원–여주	저 30% 재 30%	10시 00분 11시 10분 11시 30분	
수원–평택	저 30% 재 20%	10시 10분 11시 20분 11시 35분	
수원–안산	저 30% 재 20%	10시 30분 11시 40분 12시 00분	
수원–안양	저 20% 재 20%	10시 30분 11시 40분 11시 55분	

제4장

절대 실패하지 않는 경매 실전 노하우

01

명도, 내 집을 갖기 위한 마지막 관문

낙찰을 받은 기쁨도 잠시, 이제 '명도'라는 관문을 통과해야 한다. 국어사전에 따르면 명도란 '건물, 토지, 선박 따위를 남에게 주거나 맡김. 또는 그런 일'이다. 그러니 정확히는 우리가 명도를 하는 게 아니라 상대방에게 명도를 해달라고 요청하는 것이다. 즉 "이 집의 소유권이 나에게 왔으니 집을 넘겨달라"고 통보하고, 집을 비워줄 때까지 문제를 풀어가는 과정이다.

명도는 다양한 사람들의 이해관계와 문제가 얽혀 있어 초보자들이 가장 난감해하는 단계다. 어떤 사람을 만나게 될지 두려워 경매를 시작하지 않는 사람도 많다. 그러나 노하우가 쌓이면 이보다 간단할 수 없는 것이 명도이기도 하다.

칼자루를 쥔 사람이 이긴다

경매로 나온 집은 모두 사연이 있고, 그 사연이 안타깝지 않은 경우는 없다. 저마다 사정도 어렵다. 그렇다고 해서 사정을 다 헤아려주다 보면 내가 무너진다. 수익이 나야 선심도 쓸 수 있다. 그래서 신중한 협의가 필요한데, 의외로 단번에 해결되기도 하지만 길고 지루하게 이어질 때도 있다.

여덟 번째로 낙찰받은 물건이 그랬다. 바로 위층 전세가가 1억 7,000만 원이었는데, 나는 9,800만 원에 낙찰을 받았다. 준신축 빌라는 전세가와 매매가가 똑같은 경우가 적지 않은데 바로 그런 물건이었다.

이 집에는 노부부와 40대 형제가 살고 있었고, 연락을 해온 사람은 채무자의 형이었다. 그는 동생이 도박에 빠져 집을 담보로 대출까지 받아 탕진하고는 자취를 감췄다고 했다. 동생과 연락도 안 되는 상태에서 집이 경매로 넘어갔다고, 연로한 부모님의 충격이 크고 자신도 형편이 좋지 않다고 했다.

대부분의 채무자나 임차인은 억울함과 어려움을 하소연하곤 한다. 일단 상대의 말을 잘 들어주고 충분히 공감해주어야 한다. 그런 다음

향후 거취에 대해 어떻게 생각하고 있는지 은근슬쩍 물어보면서 명도의 기준점을 잡는다.

"거취요? 이사비용 받고 나가야죠. 안 주시면 못 나갑니다."

마치 선전포고 같았다. 내 계획은 빨리 명도를 진행해 전세 세입자를 받고 다른 물건에 투자하는 것이었다. 다음 투자를 서둘러 하고 싶었기에 이사비용을 좀 주더라도 빠르게 진행하는 것이 내게 이득이었다. 하지만 즉답을 하지 않았다. 얼마 후 그에게서 다시 연락이 왔다.

"350만 원 정도 주시면 될 것 같습니다. 다시 한번 말하지만 안 주면 못 나가요."

"그렇게는 힘들겠는데요."

"350만 원이 많나요? 시세보다 훨씬 싸게 샀잖아요. 아니에요?"

맞는 말이었다. 하지만 물건을 검색하고, 시세를 조사하고, 임장을 나가고, 법원을 방문해 낙찰을 받는 모든 과정에는 나의 수고와 노력이 깃들어 있었다. 내가 얻은 열매에 그의 지분은 없었다.

기분이 상했다. 하지만 감정이 개입되면 내가 원하는 방향으로 나아가기 힘들어진다. 강제집행까지 가는 경우는 대부분 감정이 개입됐기 때문이다. 감정을 드러내지 않고 일을 처리하는 것이 중요하다.

다시 전화가 왔다. 350만 원은 못 받겠다고 판단했는지 이번에는 150만 원을 요구했다. 차라리 그의 부모님을 설득하는 게 낫겠다 싶어 찾아갔지만, 부모님은 돈도 필요 없고 못 나가겠다고만 했다. 부모님과 형 중 누구를 설득하는 것이 유리할지 다시 생각해 본 다음, 형과 협상을 해나갔다. 그에게 경매 절차와 명도에 관해 수차례 설명한 다음에야 이사 비용 70만 원에 협의가 됐다. 대신 전세를 구하는 사람들에게 집을 보여줘야 한다는 조건을 달았다. 주는 것이 있으면 받는 것도 있어야 좋은 협상이다.

대부분의 초보자들은 협상을 두려워한다. 명도가 무서워 경매를 포기하기도 한다. 처음에는 나도 그랬다. 하지만 몇 번 진행하다 보니 생각보다 어렵지 않았다. 전화로 대화가 잘되면 대개 쉽게 이뤄지고, 문자 메시지 한 통과 전화 한 번으로 1분 만에 해결이 되기도 한다.

명도에서 칼자루를 쥔 쪽은 낙찰자다. '결국 해결될 일'이라는 마음으로 접근하면 어떤 돌발 상황에도 유연하게 대처할 수 있다.

낙찰자의 권리를 알려주자

명도의 세계에서 최악은 강제집행이다. 간단해 보이지만 수익률 측면에서는 가장 좋지 않다. 명도를 하면서 1원이라도 손해를 본다면 해서는 안 될 투자다. 사실 빌라 경매 투자에서 강제집행까지 가는 경우는 매우 드물다. 대부분 소액이기도 하고, 임차인들이 경매 지식에 밝지 않아 의외로 설득하기가 쉽다. 반면 아파트 경매는 큰돈이 오가기에 강제집행까지 가는 경우가 많아 빌라 투자와는 다른 접근이 필요하다.

보통 낙찰을 받으면 매각허가확정일까지 2주, 대금지급기한(잔금 납부)

까지 4주, 약 6주의 시간이 주어진다. 이 시간이 협상을 위한 황금 시간대이니 이때 명도의 방향성을 확실히 잡아야 한다. 세입자들이 원하는 것은 돈과 시간, 둘 중 하나다.

대부분은 이사 갈 집을 구할 때까지 시간을 달라고 한다. 특별한 경우가 아닌 한 나는 낙찰받은 날로부터 3개월을 여유 시간으로 설정한다. 기회비용으로 보면 분명 손해지만, 이사 준비를 할 시간을 드리는 것이 도의에 맞을 뿐더러 원만한 명도를 위한 지름길이기도 하다.

돈을 요구하는 세입자는 300만~500만 원을 원하는 경우가 많았다. 그러나 내가 이사비용으로 준 최고 액수는 70만 원이다.

안산 빌라의 임차인은 배당을 다 받아가는 데도 1,000만 원을 요구하기도 했다. 이럴 때는 다음의 세 가지 무기를 활용한다.

- 명도 확인을 안 해주면 임차인도 배당금을 받을 수 없다.
- 인도 명령 또는 강제집행을 할 수 있다.
- 내용 증명으로 임차인이 미친 손해를 명확히 한다.

계속 무리한 요구를 한다면 명도확인서를 써줄 수 없으며, 상호 간에 오간 메시지 등을 수집해서 변호사를 통해 손해 비용을 청구하겠다고 통보하면 임차인의 태도가 바뀐다. 1,000만 원을 요구했던 이 임차인은 이사비용 없이 나가는 것으로 원만하게 협의됐다. 배당을 받아 가는 임차인의 경우 낙찰 직후 명도확인서만 주고 명도 후에 인감증명서를 주는 것도 하나의 팁이다.

이사비용은 이삿짐이 모두 나간 것을 확인하고 주는 것이 원칙이다. 명도확인서와 인감증명서도 마찬가지다. 명도확인서는 이사 전에 줄 수도 있지만 인감증명서는 마지막까지 협상의 도구로 반드시 지니고 있어야 한다.

명도에 도움을 주는 사람들

여러 번 명도를 하면서 어려운 순간마다 도움을 받은 사람이 있다. 바로 각 빌라의 중심, 반장이다. 아파트로 따지면 부녀회장, 동 대표(대단지 빌라에는 동 대표가 있다) 정도로 생각하면 된다. 이들은 모든 세대의 연락처를 알고, 때로는 그 집에 대해 상세히 꿰뚫고 있기도 하다. 높은 확률로 밀려 있을 관리비 정산을 위해 한 번은 만나야 해서 우호적인 관계를 쌓는 것이 중요하다. 그러면 예상치 못한 위기에 내 편이 돼줄 수 있다.

실전파이터는 이렇게 했다!

동 대표, 반장을 내 편으로 만드는 법

동 대표, 반장은 보통 해당 빌라에 오래 산 거주자로 각 호실의 사람들과 친분이 두텁습니다. 그들과 친해지면 빌라 증축부터 관리까지 다양한 이슈를 파악할 수 있지요. 현장 조사를 가면 어딘가에 이들의 연락처가 적혀 있는 경우가 많습니다. 주차 관리, 분리수거 등의 이슈로 연락처가 공개되어 있기도 하거든요. 혹은 주민과 대화하다가 연락처를 받을 수도 있죠.

그들과의 접점을 찾았다면 정중하게 연락해 자초지종을 이야기한 뒤 반응을 살펴봅시다. 적대적이든 호의적이든 반장에게서 흘러나오는 말은 모두 정보입니다. 이를 바탕으로 해당 빌라의 상태를 판단하면 됩니다.

02

세금이 무서워 투자를 못하는 당신에게

날짜도 잊히지 않는 2020년 7월 10일, 뉴스를 보다가 깜짝 놀랐다. 3주택 이상은 부동산 취득세를 4퍼센트에서 12퍼센트로 중과한다는 뉴스였다. 부동산 시장 안정 보완대책, 이른바 7·10 부동산 대책이었다. 집값 상승의 원인이 전부 다주택자에게 있기라도 하다는 걸까. 다주택자들의 충격은 매우 컸고 경매 투자를 하는 사람들도 갑작스러운 정책 발표에 혼란스러워 했다. 그야말로 날벼락이었다. 이제 갓 다주택자가 되어 월세 수익의 보람을 누리고 있는데 대체 무슨 일이란 말인가.

여러 채의 빌라를 낙찰받아 수익을 내면서 쌓인 경험들로 다시 수익을 내야 하는데, 암담했다. 더 이상은 투자를 하면 안 되는지, 규제가 풀릴 때까지 기다려야 하는지, 규제가 풀리기는 할지, 여러 가지 생각으로 머리가 아팠다.

그러다 고민 끝에 규제의 사각지대를 찾아보기로 했다. 혹시나 예외 조항이 있는지 알아봤더니 일단 공시가격 1억 원 미만의 주택은 1퍼센트로 취득세가 오히려 낮아졌다. 또 한 가지, 전에는 모든 주택이 주택 수에 포함됐으나 이제는 공시가격 1억 원 이상의 주택에 한해 주택 수에 포함된다는 것이었다.

내가 취득했던 빌라들 가운데 공시가격이 1억 원 이상인 빌라는 많지 않았다. 위기를 기회로 바꿀 수 있을 것 같다는 생각이 들기 시작했다. 게다가 규제가 나에게만 적용되는 건 아니지 않은가. 전 국민이 똑같이 적용받으니 억울할 것도 없었다. 취득세 중과가 두렵기는 했지만 그만큼 싸게 낙찰받으면 된다는 생각으로 법원을 향했다. 7·10 대책의 충격이 컸는지 입찰장은 한산하기 그지없었다.

나는 계속 입찰했고, 계속 패찰했다. 입찰가를 낮게 써서 냈으니 어쩌면 당연한 일이었다. 하지만 이해할 수가 없었다. 나보다 높은 가격을 쓴 사람들이 무슨 생각인 건지 납득이 잘 안 됐다.

'어떻게 저 가격에 낙찰을 받지? 취득세 때문에 일반 매매보다 더 비싸게 사는 셈인데. 그럼 경매를 할 이유가 없잖아?'

패찰을 할 때마다 나는 낙찰받은 사람에게 다가가 다주택자인지를 물었다. 대부분이 무주택자였다. 고개가 끄덕여졌다. 취득세가 1퍼센트에 불과하니 그만큼 입찰가를 높게 쓸 수 있고, 낙찰 확률도 높아지는 것이다. 확실히 다주택자가 불리한 시장이었다.

그러다 한 다주택자를 만났다. 나는 솔직하게 물었다.

"취득세가 엄청난데, 이를 감당해도 수익이 나나요?"

"아뇨. 취득세 12퍼센트를 낼 생각하고 낙찰받았습니다. 이 집은 저평가가 돼 있으니까요."

"부동산 시장 상황이 변수가 많을 텐데요."

"그럴 수도 있지만 이 물건에 대한 확신이 있고, 결국엔 제값을 인정받을 거라고 생각해요."

나와 다른 관점이 신선했고, 느끼는 바가 많았다. 세금은 피할 수 없는 것이다. 소득이 높을수록, 자산이 많을수록, 소유한 부동산이 늘어날수록 세금도 같이 늘어난다. 제도의 허점은 논외로 하고, 세금이 무서워서 투자하지 않는 것은 정부 지원을 받기 위해 일을 하지 않는 것과 다르지 않다. 내야 할 세금이 늘어난다는 건 내가 부자가 되어 가고 있다는 증거다.

두려움이 진짜 적이다

얼마 후 나는 다시 법원으로 향했다. 입찰장은 여전히 한산했고, 나는 두 건을 입찰해 모두 낙찰에 성공했다. 취득세를 고려하되, 너무 연

연하지는 말자고 마음먹은 덕분이었다. 한 건은 최저가보다 1,000만 원 이상 높게 썼는데, 알고 보니 단독 입찰이었다.

1억 1,000만 원에 낙찰받은 이 빌라는 1억 8,000만 원에 거래되고 있었고, 매매가와 전세가가 비슷했다. 월세 수익률도 괜찮고 전세로 세입자를 구해도 낙찰가보다 높은 보증금을 받을 수 있었다. 한편으로는 나 혼자 입찰했는데 최저가를 써서 낼 걸 하는 아쉬움이 컸다. 그날 밤 이불을 차며 후회했지만, 아쉬운 점보다는 만족스러운 점에 집중하고 앞으로 어떻게 수익을 낼지만 생각하기로 했다.

한 집에서 먼저 연락이 왔다. 이 집의 주인은 대출을 내서 신축 빌라를 분양받아 들어왔는데, 사정이 좋지 않아 집을 팔아서 대출을 갚으려 했으나 집도 팔리지 않았다고 했다. 그의 사연을 들어준 후, 임대차 계약을 하고 계속 살 것인지 이사를 갈 것인지 물었다. 그는 바로 집을 구해서 이사를 가겠다고 했다.

사나흘쯤 후 다시 전화가 왔다. 전세자금대출을 알아보니 은행에서 3개월 후에나 실행이 된다고 했다면서 시간을 달라고 했다. 하지만 3개월은 너무 길었기에 계속 협의를 해나갔다. 그러던 중 그가 먼저 제안을 해왔다.

"이렇게 하면 어떨까요. 이 빌라 월세 시세가 1,000만 원에 60~65만 원이거든요. 그런데 제가 보증금을 드릴 상황이 아니에요. 그러니 월세를 80만 원으로 계산해서 3개월 치를, 그러니까 240만 원을 이사 나갈 때 드릴게요."

보증금도 없는 상태에서 후불이라니, 받아들이기 힘들었다. 나는 3개월 치를 미리 받아야겠다고 했고 그는 그럴 수 없다고 했다. 서로가 서로를 못 믿는 상황이었다. 하지만 전화를 끊고 생각해 볼수록 월세를 선불로 받을 수만 있다면 너무나 좋은 제안이었다. 다시 통화를 했을 때 다행히 협의가 됐다. 이사비용을 주는 것이 아니라 오히려 월세를 받으면서 명도를 하게 된 것이다.

그 후 3개월이 다 되어 갈 때쯤 한 번 더 전화가 왔다.

"혹시 블라인드 필요하시면 두고 갈 테니 20만 원에 사실래요? 1년도 안 된 거라 상태는 좋아요."

상태가 정말 좋은지 확인하지 못했을뿐더러 굳이 필요하지도 않았지만 사겠다고 했다. 석 달 치 월세로 충분히 이득을 봤고, 거절하면 혹시 집을 엉망으로 만들지 않을까 살짝 걱정도 됐기 때문인데, 결과적으로 좋은 협의였다.

함께 낙찰받은 다른 빌라도 무사히 명도를 마치고 전세 세입자를 들일 수 있었다. 취득세에 대한 두려움을 물리치고 적극적으로 투자한 덕분이었다고 생각한다.

03

어떤 빌라에 투자할 것인가

어떤 빌라에 투자할 것인가. 이 질문에 대한 첫 번째 답은, 일단 시세보다 저렴해야 한다. 처음 경매를 시작했던 때나 지금이나 이 기준에는 변함이 없다.

나의 첫 경매 투자 물건이었던 인천 계양구 반지하 빌라는 저렴했고, 단독 입찰이었다. 누군가에게는 투자 가치가 없는 물건으로 보였겠지만 나는 월 10만 원이라도 이익이 남는다면 괜찮다고 생각했다. 매달 10만 원씩 받으면서 경매라는 것을 배울 수 있으니 썩 괜찮은 투자 아닌가. 이런 생각이 빌라를 빠르게 늘릴 수 있는 원동력이 됐다. 경매에서는 내가 원하는 입지의 집이 나올 확률이 적다. 그렇다고 돈을 안 벌 수는 없지 않은가? 경매에 물건이 나오면 해당 부동산의 가치를 따져보고 이 물건이 얼마에 팔리는지 알면 된다.

이제 저평가된 경매 물건을 찾아야 한다는 것은 모두가 알 것이다. 그렇다면 그 외의 기준으로는 무엇이 있을까? 좋은 물건을 찾는 법에 대해 알아보자.

신건에도 관심을 갖기

앞서 유찰되어 감정가의 70~80퍼센트 가격인 빌라라면 저평가일 수 있다고 했다. 뒤집어 생각해 보자. 이는 투자자 모두가 알고 있는 사실이다. 그래서 낙찰 확률을 높이려면 유찰되지 않은 신건이라도 관심을 가져야 한다.

초보자는 유찰된 물건 위주로 보라는 조언을 많이 하는데, 만약 그 물건이 좋은 신건이라면 입찰해도 좋다. 부동산의 가치에 확신이 들거나 가치를 올릴 수 있는 아이디어가 있다면 굳이 유찰되기를 기다릴 필요가 없다.

1억 2,000만 원의 가치가 있는 물건을 5,000만 원 저렴한 7,000만 원에 사는 것도 좋지만, 2억 3,000만 원의 가치가 있는 물건이 9,000만 원 싼 1억 4,000만 원에 나왔다면 신건에도 입찰해야 한다. 신건이라도 싸게 사는 것이기 때문이다. 신건은 유찰건보다 경쟁이 적다는 장점도 있다. 저렴하게 사야 하는 것은 맞지만, 유찰된 물건만 보거나 유찰이 되기를 기다릴 필요는 없다.

개발 예정 지역의 노후 빌라

도시개발계획이 나와 있거나 지하철역이 들어서는 지역의 낙후된 빌라는 좋은 투자처다. 2023년 서해선 원종역 개통을 앞두고 있고, 30년 넘은 빌라들이 밀집한 부천시 원종동을 예로 들 수 있다. 서해선은 많은 사람이 이용하는 노선은 아니지만 조기 개통인 점, 교통 불모지인 원종동에 생기는 교통수단이라는 점이 눈여겨볼 만하다. 이외에 가로주택정비사업 등 개발 호재가 많은데도 아직 저평가인 동네다. 이런 지역에 투자하면 개발이 완료됐을 때 적잖은 시세차익을 얻을 수 있다.

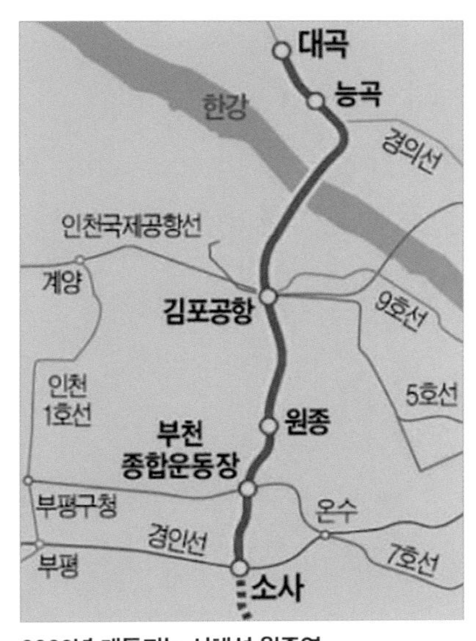

2023년 개통되는 서해선 원종역

또는 개발이 취소되거나 정비구역이 해제되는 지역에도 관심을 가져야 한다. 그렇게 되면 평균 매매가가 떨어지고 괜찮은 매물이 다수 나오니 투자자에게는 기회다. 월세 수요만 있다면 투자해도 괜찮다.

방 3개짜리 빌라

처음 경매를 시작할 때, 서울은 내 선택지에 없었다. 당시 서울은 전체가 투기과열지구라 대출이 40퍼센트밖에 나오지 않았기 때문이다. 여러 개의 물건을 낙찰받고 싶었기에 나는 대출이 80퍼센트까지 되는 인천과 경기도를 공략했다.

덕분에 알게 된 사실은, 서울에는 혼자 살면서 방 3개를 사용하는 경우가 드물지만, 인천과 경기도는 방 3개짜리 집에 사는 1인 가구가 흔하다는 사실이었다. 서울의 6~9평짜리 원룸이나 투룸은 살기 불편하니 같은 월세면 인천이나 경기도의 방 3개짜리 집에 사는 것이다.

1인 가구뿐만 아니라, 방이 3개면 4인 가족까지 거주할 수 있다. 즉 1인, 2인, 3인, 4인, 혹은 5인까지 세입자를 받을 수 있는 저변이 넓어지는 것이다. 그래서 나는 방 3개짜리 빌라를 선호한다. 세입자는 혼자 사는 외국인부터 아이 없는 신혼부부, 네 식구로 이뤄진 가족까지 다양하다.

내가 원룸 빌라나 원룸 오피스텔을 선호하지 않는 이유 중 하나가 가족이 살기 어렵기 때문이다. 세입자가 가족이면 보통 오래 거주한다. 1인 가구는 확실히 이동이 잦다.

가족이 세입자일 경우, 월세를 내고 살다 보면 아무래도 생활이 빠듯하다. 게다가 아이 학교 문제로 이사하기도 힘들다. 자녀들이 같은 학교에 다니고 있으면 그나마 전학이 쉽지만 한 명은 초등학생, 다른 한 명은 중학생이라면 더더욱 전학하기 쉽지 않다. 부적응, 따돌림 같은 문제가 발생할 수 있어 요즘 부모들은 과거보다 자녀의 전학에 더 민감해 쉽게 움직이지 않는다.

내가 2013년에 사서 임대한 강서구 아파트에는 할머니, 할아버지, 어머니, 아버지, 손자, 손녀까지 3대가 함께 살고 있다. 복도식 25평 아파트가 넓은 것은 아니다. 하지만 방이 3개이니 여섯 식구가 살 수 있고, 이분들은 8년 동안 한 번도 월세를 밀린 적이 없다.

실전파이터는 이렇게 했다!

부동산 하락장에 현명하게 대처하는 법

이렇게 한번 생각해 보세요. 경매에서는 하락기이건 상승기이건 저렴한 물건은 있기 마련입니다. 빌라 투자의 기본은 시세보다 저렴하고 낙후된 빌라에 셀프 인테리어를 하거나 투자 및 개발을 해서 집의 가치를 올리는 것입니다. 수많은 빌라 투자자는 이를 수차례 반복하고 월세를 운용해서 고정 현금흐름을 만듭니다.

또한 개발 지역을 선점하는 방법도 있습니다. 재건축, 재개발 등의 이슈가 있는 지역 빌라를 매매하거나 경매로 낙찰받는 거죠. 1층, 반지하 등 건물의 상태와 상관없이 오직 개발이 될 만한 곳에 투자하는 것입니다. 이때는 재건축, 재개발이 상당히 진행된 지역의 물건이 아니라 초기 단계여야 합니다. 만약 개발 계획이 구체화됐다면 가격이 높아 초보 투자자가 접근할 수 없습니다. 실투자금이 최소 2억 원, 많게는 10억 원 이상 들기 때문이죠.

04

금리가 높아지면 정말로 망할까

경매 투자자에게 대출은 아주 중요한 요소다. 물론 현금만으로 물건을 낙찰받는다면 더할 나위 없이 좋겠지만, 대부분의 경매 투자자는 그만큼의 현금을 보유하고 있지 않을뿐더러 현금을 충분히 보유하고 있더라도 대출을 이용하면 더 높은 수익률을 얻을 수 있다는 사실을 알고 있다.

가령 현금 2억 원을 보유하고 있고 8억 원을 대출받는다고 해보자. 현금으로 2억 원짜리 집을 사는 것과 현금과 대출을 합쳐 10억 원짜리 집을 사는 것 중 어느 쪽을 선택해야 할까. 투자를 해본 사람이라면 대부분 후자를 선택한다. 집값이 오르면 10억 원짜리 집이 2억 원짜리 집보다 더 크게 오르기 때문이다. 대출이자를 감안하고도 더 높은 수익을 얻을 수 있다.

고금리에 대처하는 투자자의 자세

최근 금리가 상승해 수익률이 다소 감소한 것은 사실이다. 하지만 영혼까지 끌어모아 대출받은 집을 보유한 경우라면 몰라도, 금리가 상승했다고 경매 투자자가 망하는 일은 드물다. 금리가 높아지면 월세도 오르기 마련이어서 높은 대출이자 때문에 수익률이 낮아졌다 해도 어느 정도 상쇄되기 때문이다. 또 처음부터 싸게 집을 구매해서 금리가 상승했어도 큰 타격이 없다.

만약 경제위기가 와서 금리가 9퍼센트까지 오른다 해도, 수익이 0원이 될 수는 있을지언정 손해는 나지 않을 것이다. 월세 수입이 대출이자로 다 나가게 되는 상황이 오면 전세로 전환하고 정부의 대책을 기다리면 된다.

2022년 말, 1억 2,600만 원에 낙찰받은 빌라가 있다. 낙찰받기 몇 달 전 위층이 전세 보증금 2억 5,000만 원에 거래가 됐다. 그러니 5,000만 원 낮은 2억 원에 전세를 준다고 해도 나에게는 약 7,000만 원의 유동성 자금이 들어오고, 그러면 금리가 높아도 대출이자 걱정을 크게 하지 않아도 된다.

내가 전세를 주면 세입자는 2~4년간 거주를 할 테고, 그동안 경기는 회복될 것이다. 만약 경기가 회복되지 않는다 해도 나는 그저 전세 보증금만 감당하면 된다. 전세 가격이 떨어져도 내 집은 다른 집에 비해 5,000만 원이 낮았으니 역전세가 될 가능성이 적다. 내가 전세 보증금을 상대적으로 낮게 책정하는 이유다.

요점은 금리가 인상됐다고 해서 투자를 포기할 필요는 없다는 것이다. 경기는 계절과 같아서 활황의 봄이 영원하지도 않고, 불황의 겨울이 끝없이 지속되지도 않는다. 오를 때가 있으면 내릴 때가 있고 침체가 됐다가도 회복이 되게 마련이다. "공포에 사라"라는 말이 괜히 있는 것이 아니다. 어쩌면 부동산 시장이 얼어붙은 지금이 투자의 적기인지도 모른다. 그리고 정부는 이미 대책을 내놓았다. 주택담보대출 규제를 완화했고 규제 지역도 해제하는 추세다.

그러니 너무 두려워하지 말고 내가 이자를 얼마나 감당할 수 있는지 꼼꼼히 따져본 후 똑똑하게 대출을 활용해 보자.

내가 받을 수 있는 대출은 얼마인가

입찰하기 전에 자신의 신용등급 정도는 알고 있어야 한다. 경락잔금 대출이 얼마만큼 나오는지도 대략은 알고 나서 입찰을 해야 낭패를 보지 않는다. 낙찰을 받았는데 대출이 안 나오면 보증금을 날릴 수도 있으니 말이다.

최근 경제가 출렁이면서 부동산 정책도 하루가 다르게 달라진다. 이전에는 규제 지역 여부가 대출의 핵심 지표였는데 요즘은 LTV, DTI, DSR 등이 더 중요해졌다. 서울 주요 지역을 제외하고 각종 규제가 풀리고 있기 때문이다. 먼저 LTV부터 살펴보겠다.

LTV(Loan To Value Ratio)

담보인정비율이라는 뜻으로, 만약 LTV가 60퍼센트이고, 3억 원짜리 주택을 담보로 대출을 받는다면 최대 대출 가능 금액은 1억 8,000만 원(3억 원×0.6)이다. LTV는 규제지역 여부와 보유 주택 수에 따라 조건이 달라진다. 최근 몇 년간 정부의 방침이 자주 바뀌고 있어 인터넷에서 검색하는 것이 가장 정확하다.

DTI(Debt To Income)

총부채상환비율로, 돈을 갚을 능력을 소득으로 따져서 대출 한도를 정하는 것이다.

$$\text{DTI} = \frac{\text{기존 주택담보대출 원리금} + \text{신규 주택담보대출 원리금} + \text{기타 대출이자}}{\text{연소득}}$$

가령 연봉이 3,000만 원이고 DTI가 50퍼센트라면, 3,000만 원의 50

퍼센트인 1,500만 원이 최대 대출 가능 금액이다.

DSR(Debt Service Ratio)

총부채원리금상환비율. 모든 대출의 원금과 이자를 더해 연소득으로 나눈 비율이다. DTI는 신용대출 등 기타대출의 이자만 합산하지만, DSR은 이자뿐만 아니라 원금도 부채로 합산한다.

2022년 대출 규제가 심해지면서 DSR까지 도입돼 대출 한도가 감소했다. 최근 LTV는 완화됐지만 DSR은 그대로라 특히 다주택자라면 DSR을 꼭 확인해야 한다.

방 공제

주택담보대출 금액을 회수하지 못하면 은행은 해당 주택을 경매에 넘기고, 1순위로 대출금을 변제받는다. 그런데 1순위보다 먼저 변제를 받는 최우선변제권이 있다. 즉 주택임대차보호법상 임차인을 보호하기 위해 소액 임차보증금이 가장 먼저 변제되는 것이다. 그래서 은행은 최우선변제금을 미리 떼고 대출을 해준다. 그러므로 내가 대출을 받을 수 있는 한도는 LTV에서 방 공제를 뺀 금액이다.

대출 한도 = LTV – (방 개수 × 최우선변제금)

대출 한도가 줄어드니 방 공제를 피하고 싶다면 모기지신용보험(MCI)이나 모기지신용보증(MCG)을 활용하는 방법이 있다. MCI는 은행이 자체적으로 서울보증보험에 가입해서 방 공제를 하지 않는 것이고, MCG는 내가 한국주택금융공사에 보증료를 내고 방 공제를 받지 않는 것이다. 모두 방 공제를 막기 위한 수단이지만 항상 적용되지는 않는다. MCI와 MCG가 되는 곳이 있고 안 되는 곳이 있으니 MCI, MCG 가능 여부를 알아보고 대출 한도를 늘려야 한다.

	MCI	MCG
보증 기관	서울보증보험	한국주택금융공사
취급 기관	금융기관	제1금융권
보증료 부담	금융기관	고객
대상 주택	아파트, 다세대주택, 연립주택, 단독주택	아파트, 오피스텔, 다세대주택, 다가구주택, 연립주택, 단독주택, 상가주택
가입 가능 건수	1인당 2건	세대당 2건(부부 중 한 명이 2건을 다 이용했다면 배우자는 불가)
제삼자 담보 제공 (제삼자가 대신 채무자가 되는 것)	가입 가능	가입 불가

MCI와 MCG의 차이

05

나만의 월세 투자 대원칙

나의 경매 투자 원칙 중 하나는 가급적 월세를 인상하지 않는 것이다. 처음 물건을 낙찰받을 때는 손실만 나지 않으면 괜찮다고 생각했다. 처음부터 '대박' 나는 투자보다는 눈으로 보면서 내가 관리할 수 있는 투자, 많지 않아도 꾸준히 월세가 나오는 투자를 하고 싶었다. 선불리 일확천금을 꿈꾸지 않았던 것이다.

경매 경험이 꽤 늘어난 지금도 생각은 크게 변하지 않았다. 어느 정도 수익만 보장된다면 그 금액이 아주 크지 않아도 괜찮다. 경매 투자는 시간이 오래 걸리기 때문에 참을성 있게 운용하다 보면 언젠가 큰 수익으로 보답해주리라는 것을 알고 있다.

또한 전세와 달리 월세는 인상하는 데 한계가 있다. 전세는 올려도 이사를 가지 않는 경우가 많지만, 월세는 인상하면 대부분의 세입자가 다른 곳을 찾아나간다. 월세를 올려 세입자가 나가면, 새로운 세입자를 들일 때까지 공실이 날 위험이 있다. 월세를 조금 더 받으려다 월세를 받을 기회비용이 날아가는 것이다.

투자를 잘하는 이들은 눈에 보이는 자산뿐만 아니라 눈에 보이지 않는 자산도 중요하게 생각한다. 기회비용은 중요한 무형 자산이므로 계속 따져보며 선택을 해나가야 한다.

깨끗하게 수리해서 시세보다 높은 월세를 받을지언정 그 후로 월세를 올리지 않는다면, 시간이 흐르면서 내 집의 월세는 시세보다 저렴해진다. 그렇게 되면 세입자도 굳이 나갈 필요가 없다. 특히 월세를 밀리지 않는 세입자라면 오래 머물수록 좋다. 세입자를 내보내고 다시 들이는 번거로운 과정을 거치지 않아도 되고, 그만큼 신경이 덜 쓰이는 편안한 투자다.

물론 월세를 올리지 않는 것이 반드시 정답은 아닐 것이다. 하지만 내게는 이런 투자가 편하게 느껴진다. 시세보다 적게 받으니 당장은 손해 같지만 장기적으로 보면 공실 리스크를 줄이고 시세차익은 시세차익대로 누릴 수 있으니 좋다. 수도권은 계속 발전할 수밖에 없다. 기다리다 보면 집값이 오를 것이기에 부동산 사이클이 상승이든 하락이든 나는 마음이 편하다.

세입자가 편해야 집주인도 편하다

월세를 받으며 집을 오래 소유하다 보면 개발 호재가 생겨 집값이 급등하기도 한다. 그러나 내가 하는 투자에서 시세차익은 덤이고 보너스일 뿐이다. 내게는 한 번에 버는 1억 원보다 꾸준히 들어오는 월 100만 원이 더 중요하다.

아파트는 가격이 비싸서 내 능력으로 살 수도 없고, 월세 수익률도 낮다. 그래서 보통은 전세를 끼고 사서 아파트 가격이 오르면 팔거나, 전세가를 높여서 그 돈으로 투자를 한다. 경매 시장에서도 아파트는 월세 투자자들을 찾기 힘들다. 낙찰가가 아주 낮아야 하기 때문이다. 그런 물건은 많지 않다.

월세를 올리지 않는 또 하나의 이유는 세입자와 불편한 사이가 되고 싶지 않아서다. 세입자가 편하게 살 수 있어야 집주인도 편하다. 월세를 올리는 일에 에너지를 쓰기보다는 지금 받고 있는 월세로 할 수 있는 일을 찾아 수익을 내는 편이 낫다. 이렇게 한다면 굳이 월세를 올리지 않아도 된다. 올린 월세로 형편이 조금 나아질 수는 있겠지만, 내가 부자가 되진 않는다고 생각한다.

수익률을 높이려면 월세를 비싸게 받든지 비용을 아껴야 하지만 눈앞의 이익만 좇다가는 더 큰 이익을 놓칠 수 있다. 명도 시 이사비용도 마찬가지다. 원하는 대로 다 줄 수는 없지만 그렇다고 너무 깎아도 일이 진행되지 않는다. 충분히 협의하되 장기전이 되면 그만큼 월세를 받지 못하는 기간이 길어진다는 점을 잊지 말자.

넓고, 깊게, 멀리 보는 것이 필요하다.

06

수익률을 올리는 인테리어의 법칙 1

어느 날 세입자에게서 전화가 걸려 왔다.

"안녕하세요. ○○빌라인데요…."

세입자로부터 전화가 온다면 집에 문제가 생긴 경우가 대부분이다. 화장실 타일이 깨졌다거나 변기가 고장 났다거나 배관이 얼어서 터졌다거나…. 나는 무슨 문제가 있느냐고 물었다.

"그런 건 아니고, 제가 이번에 도배나 장판 중 하나를 지원받으려고 하는데 집주인분 허락을 받아야 해서요."

한부모 등 사회적으로 취약하거나 경제적으로 어려운 계층은 정부에서 도배와 장판, 새시 등을 지원받기도 한다.

“이 혜택이 사용하지 않으면 없어지는 거라서요. 찢어지거나 하진 않았지만 이번 기회에 바꾸면 좋을 것 같아요.”

“네, 알겠습니다. 원하는 것으로 교체하세요.”

“감사합니다. 그리고 월세를 올리지 않으시니 고마워요. 10년에 한 번은 새시도 교환해준다고 하니까 제가 좀 더 살다가 새시도 교체해 드릴게요.”

“아이고, 제가 더 감사합니다.”

반지하나 노후한 빌라를 낙찰받다 보면 이처럼 고마운 세입자들을 종종 만나게 된다. 남들은 세입자 운이 좋았다고만 여기겠지만, 만약 세입자에게 무리한 요구를 했다거나 고장을 수리해달라고 했을 때 소홀히 했다면 이러한 운도 따르지 않았을 것이다. 집주인과 관계가 좋지 않다면 세입자는 혜택이 있어도 사용하지 않는다.

수리 문제로 연락이 오면 적극적으로 대응해야 한다. 바로바로 수리를 해줘서 세입자가 사는 데 불편함이 없게 해야 한다. 그래야 세입자도 집주인의 마음을 알아주고, 불미스러운 일도 생기지 않는다. 세입자가 편해야 집주인도 편하다.

제일 좋은 것은 세입자를 들이기 전에 미리 수리를 끝내놓는 것이다. 그렇게 해도 세입자가 사는 중에 고장이 나는 경우가 있는데, 그럴 때는 업체를 통해 수리하는 것을 원칙으로 하고 있다. 집주인이 직접 수리를 하러 가면 세입자가 불편해하기 때문이다.

인테리어가 월세에 미치는 효과

경매 투자를 처음 하는 이들이 가장 두려워하는 것이 명도, 그다음이 공실과 월세 체납이다. 그런데 공실과 월세 체납은 인테리어와 밀접한 관계가 있다. 깨끗하게 수리한 집은 인기가 높아 공실이 될 확률이 낮고, 세입자가 만족하며 거주하니 월세 밀릴 확률도 낮다. 그래서 수익률을 계산할 때는 인테리어 비용 즉, 수리 비용도 함께 고려해야 한다. 그런데 이 수리 비용이 생각보다 많은 부분을 차지한다.

비용 때문에 고민이 많을 수밖에 없지만, 생각보다 셀프 인테리어로 수리할 수 있는 부분이 많다. 조금만 노력하면 비용도 상당히 아낄 수 있다. 팬데믹 이후에 건축 자재비와 인건비가 많이 올라 인테리어 업체에 전부 시공을 맡기면 상상 이상의 견적이 나온다. 그러나 하나하나 알아보고 전등, 손잡이, 문 교체, 페인트 시공, 시트 부착 등 작은 부분을 직접 수리한다면 생각보다 많은 금액을 아낄 수 있다. 원자재 값이 이전보다 오른 건 사실이지만 조금만 발품을 팔면 아직도 저렴하게 할 수 있는 방법은 많다.

집은 시간과 노력과 비용을 들이는 만큼 가치가 높아진다. 그러니 기꺼운 마음으로 수리하자. 여러분도 빌라 투자가 익숙해지고 여러 번 도배 및 장판 시공 등 인테리어를 하다 보면 나름의 요령도 생길 것이다. 이 과정에 너무 스트레스를 받지 말고 자연스럽게 경험을 쌓는다고 생각하자. 인테리어는 투자 경험과 비례하며 시간이 지날수록 노하우가

노후 빌라의 인테리어 전후

쌓인다.

요즘 사람들은 인테리어가 마음에 들면 그에 상응하는 비용을 기꺼이 지불한다. 가령 낡아서 월세 40만 원을 받는 빌라라면, 수리 후에는 10만~20만 원 더 높은 50만~60만 원을 받을 수 있다.

2021년 3,850만 원에 낙찰받은 반지하 빌라가 있다. 보증금 500만 원에 월세 45만 원을 받고 있는데, 주변 부동산중개소에서는 반지하라 월세 세입자를 찾기 힘들 거라고 했다. 하지만 600만 원을 들여 인테리어를 하고 나니 세입자는 바로 구해졌고, 월세도 비슷한 조건의 빌라보다 높게 받을 수 있었다. 반지하도 반지하 나름인 것이다.

꼭 반지하가 아니라도 역세권이거나 입지가 괜찮은 지역의 빌라인데 허름하다는 이유로 월세가 저평가된 경우가 많다. 이런 경우 인테리어를 통해 가치를 높이면 수익률을 높일 수 있다. 매매가 역시 올라간다.

과한 인테리어는 절대 금물

반면 아무리 인테리어에 힘을 써도 월세를 높일 수 없는 빌라가 있다. 주변에 신축 빌라가 많은 경우다. 요즘 신축 빌라는 인테리어가 훌륭해서 그 정도로 뛰어난 인테리어를 하려면 비용이 많이 든다. 또 구축 빌라는 신축 빌라와 같은 수준의 월세를 받지도 못한다. 이런 빌라는 기본적인 수리만 하고 월세를 저렴하게 받는 것이 더 경쟁력이 있다. 월세를 낮게 책정하고 괜찮은 조명을 설치해주면 그 동네의 비슷한 빌라 중 뛰어나 보인다.

무작정 비용을 많이 들여 인테리어를 하는 것이 아니라, '내 빌라의 경쟁력' 관점에서 봐야 한다. 경쟁력이 더 생길 것 같으면 비용을 투여하고, 그렇지 않으면 최소 비용만 들이는 것이다.

잊지 말아야 할 점은 인테리어만으로 높일 수 있는 가치는 한계가 있다는 것이다. 동네마다 평균 월세 가격이 있고, 좋은 인테리어보다는 저렴한 월세가 선호되는 지역도 있다. 예를 들면 보증금 1,000만 원에 월세 35만 원인 오래된 빌라가 있다고 하자. 이 정도 가격을 보고 오는 세입자는 큰 걸 기대하지 않는다. 수도권 기준으로 월세 35만 원이면 최저가에 가깝다. 인테리어가 잘되어 있고 월세가 비싼 빌라보다는 기능상 문제가 없고 월세가 저렴한 집을 찾는 사람들이 대부분이다. 싸게 낙찰을 받아 리모델링을 전부 해주는 것도 좋지만, 그 지역 평균 월세가 저렴하다면 리모델링은 선별해서 하는 것을 추천한다. 기본적인 수리만 해도 괜찮다. 이를 잘 구분해서 인테리어를 하면 수익률을 높일 수 있다.

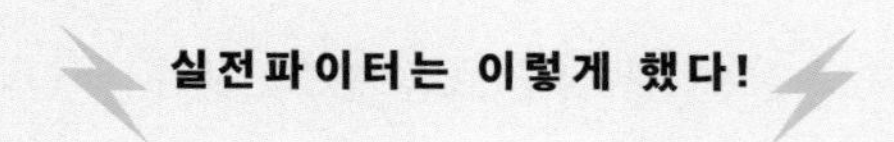

오래된 빌라의 경쟁력 높이는 방법

월세가 같으면 수리가 잘 돼 있는 집이 더 인기가 많습니다. 그런데 주변에 신축 빌라가 많다면 이야기가 달라집니다. 어설프게 수리한 구축 빌라에는 아무도 관심이 없죠. 이때 세입자를 빨리 구하는 방법을 알아보도록 합시다.

'반려동물 환영'이라고 표시하기

요즘은 개나 고양이를 키우는 가구를 과거보다 흔히 볼 수 있습니다. 반려동물에게 쏟는 애정도 훨씬 커진 느낌입니다. 문제는 반려동물을 키우는 세입자를 원치 않는 집주인도 많아졌다는 것이죠. 집 훼손, 냄새, 민원 같은 문제 때문인데, 그래서 임대차계약서에 반려동물 금지 조항을 따로 넣기도 해요. 이런 점을 세입자들도 잘 알고 있어요. '반려동물 환영'은 내 집을 확실히 어필할 수 있는 문구입니다. 동물을 사랑하는 세입자에게는 굉장히 큰 이점으로 작용하거든요.

테라스 꾸미기

테라스를 꾸며놓아 집의 활용도를 높이는 방법도 있습니다. 테라스를 직접 증축하는 것이 아니라 베란다 등 집 안의 자투리 공간에 테이블과 의자, 예쁜 조명 등을 설치해 쉴 수 있는 공간을 마련해주는 것입니다. 처음 집을 보러 왔을 때 세입자 입장에서 신경 쓴 집이라는 생각이 들죠. 그러면 계약할 확률이 더 높아집니다.

시세 대비 2~5만 원 정도 싸게 월세 내놓기

시세보다 낮은 가격에 월세를 내놓는 것은 마지막이자 가장 효과적인 방법입니다. 짧은 기간 내 세입자를 구해야 할 경우, 여러 부동산에 낮은 가격으로 내놓는다면 생각보다 빨리 구해질 겁니다. 이때 월세를 너무 많이 깎으면서 조급해하지 말아야 합니다.

07

수익률을 올리는 인테리어의 법칙 2

그렇다면 어떻게 바꾸고 고쳐야 비용 대비 큰 효과를 얻을 수 있을까? 집 상태에 따라 다르지만 보통은 도배, 장판, 조명, 스위치를 교체한다. 싱크대나 변기를 새 제품으로 설치해야 할 수도 있다. 만약 1990년대 이전에 지어진 빌라라면 누수나 배수 문제가 있을 수 있다. 건축 연도와 노후도를 파악하기 위해 반드시 해당 빌라를 방문해야 한다.

경험상 1990년대 이전에 지어진 빌라는 최소 500만 원 선, 2000년대 이전에 지어진 빌라는 최소 400만 원 선, 2010년대에 지어진 빌라는 최소 300만 원 선의 수리비가 든다. 건축 연도와 상관없이 리모델링을 전부 해야 한다면 18평 기준으로 최소 700만~850만 원 선이 적당하다 (2023년 기준). 수리비를 상쇄할 만큼 수익률이 보장된다면 적극적으로 입찰하는 것이 좋다. 당장의 인테리어 비용 때문에 고정적인 수익을 포기하지 말자.

그렇다면 인테리어 공사는 어떤 종류가 있을까? 먼저 공사의 방향성을 설정해야 한다.

셀프 공사

집주인이 직접 하는 공사. 도배, 장판, 조명, 스위치, 콘센트 교체 등을 셀프로 할 수 있다. 비용이 절감되는 대신 시간과 노력이 많이 들어간다.

직영 공사

자재를 직접 구매하고 공사는 기술자를 불러 맡기는 것. 셀프 인테리어를 해봤다면 수월하게 느껴질 것이다. 내가 책임을 지고 사업주가 되는 방식이다.

턴키(Turn Key) 공사

전문 업체에 의뢰해서 인테리어의 처음부터 끝까지 전부 맡기는 공사. 편한 대신 비용이 많이 든다.

나는 셀프 공사, 직영 공사를 적절하게 활용하는 방식을 선호한다. 각자의 상황에 맞춰 진행하되 과하면 안 된다는 사실만 잊지 말자.

인테리어는 셀프 공사와 직영 공사로

혹시 실패하면 돈이 두 배로 들지 않을까 하는 걱정으로 셀프 인테리어는 시도조차 못하는 이들을 많이 보는데 나는 유튜브나 블로그, 각종 커뮤니티를 통해 배워서 바로 적용해 보곤 했다. 직접 해봐야 배우는 게 있다. 혹 실패해서 다시 공사한다 해도, 잘 알기 때문에 다음엔 사람을 쓰더라도 제대로 수리할 수 있다. 고쳐야 할 부분을 정확하게 안다면 필요한 부분만 기술자를 고용해 수리하면 된다.

다 쓰러져 가는 빌라에 살다가 지난해 결혼과 함께 아파트로 이사를 했다. 1996년에 지어진 이래 한 번도 리모델링을 한 적이 없는 집이라 종합 인테리어 업체에 수리를 맡겼다. 오래된 집은 예상치 못한 문제가 튀어나올 수도 있고 공사 기간도 길기에 업체는 비용을 비싸게 부른다. 그래도 감수하고 계약을 했건만 화장실 공사를 엉터리로 해버렸다. 업체 대표에게 항의했더니 다시 공사해야 한다면서 계약 때보다 더 많은 비용을 요구했다. 나는 계약을 파기하고 업체를 바꿨다.

그런데 업체를 바꾸는 일이 그리 간단치가 않다. 처음부터 공사를 맡았다면 하자가 발생했을 때 책임 소재가 분명하다. 그래서 수리 보증도 해준다. 하지만 중간에 다른 업체가 투입되면 하자가 발생했을 때 누구의 책임인지 모호하다. 이전 업체의 잘못을 떠안게 될 수도 있다. 그래서 공사 중간에 인테리어 업체를 찾기가 힘들고, 찾았다 해도 공사비를 높게 부른다. 결국 예상 금액보다 300만 원이 더 들어 1,600만 원으로 인테리어를 마무리할 수 있었다.

업체에 인테리어를 통째로 맡기면 편하겠지만 이런 문제가 생길 수도 있다. 비용도 더 든다. 그러니 셀프로 가능한 수리는 그렇게 하고, 나머지는 각 부분의 기술자를 불러 해결하는 것도 하나의 방법이다. 이때 도매 업체를 활용하면 좋은데 서울의 방산 시장 등에 분야별로 다양한 업체가 몰려 있다. 각 점포를 방문해 견적을 서너 개 정도 내보고 비교해 보면 좋다.

실전파이터는 이렇게 했다!

인테리어 저렴하게 하는 팁

도배나 장판은 서울 을지로 부근에 위치한 도배 전문 가게에서 도배지를 사면 작업자를 연결해줍니다. 대부분 경험이 많아 실패하거나 사기를 치는 경우는 거의 없습니다. 타일도 서울 을지로나 경기도 외곽의 큰 공장에서 발주를 하면 합리적인 가격에 작업자를 소개시켜줍니다.

새시 교체는 비용이 가장 많이 들고 전문적인 공정입니다. 셀프로 하기도 힘들기에 보통 인테리어 업체에게 일임하곤 하죠. 저는 조금이라도 아끼기 위해 새시 철거를 셀프로 하고 자재는 공장에서 따로 주문합니다. A급 새시가 아니더라도 생활하는 데 전혀 지장이 없어 이 방법을 자주 사용합니다.

만약 가격이 지나치게 싼 경우 하자가 생기는 등 꼭 탈이 납니다. 예를 들면 다른 업체들은 100만 원을 부르는데 60만 원을 부르면 의심해봐야 합니다. 저렴하다고 덜컥 계약했다가는 스트레스만 받고 결국 100만 원 이상의 돈이 들 수 있습니다.

홈페이지 사진은 그럴듯한데 경험이 없는 업체도 적지 않습니다. 전화로 상담을 해보면 어느 정도 감이 잡힙니다. 내가 예상하지 못했던 부분까지 짚어주면 경험이 많은 업체라고 보면 됩니다.

종종 사기 사건도 일어나니 주의해야 합니다. 우선 계약금을 많이 요구하고, 자재비가 올랐다며 중간에 돈을 더 요구하는 게 그런 업체들의 특징이죠. 결국은 돈만 받고 잠적하고 맙니다. 소비자가 고스란히 손해를 떠안아야 하는 최악의 상황이 발생하는 겁니다. 만약을 위해 계약금은 최소한으로 지급하는 게 현명합니다.

여심을 사로잡는 디자인이 정답

인테리어를 할 때 가장 중요하게 여기는 부분은 주방, 화장실, 조명이다. 가족이 살 집을 알아보는 경우 결정권은 대부분 아내에게 있다. 남편이 아무리 마음에 들어 해도 아내의 마음에 들지 않으면 계약이 성사되지 않는다. 집은 가족이 함께 사용하는 공간이지만 집의 분위기 등은 여성의 취향에 큰 영향을 받는다. 그중에서도 주방과 화장실은 면적은 작지만 분위기를 결정하는 중요한 장소다. 이곳의 조명만 달라져도 적은 비용으로 큰 효과를 볼 수 있다.

요즘에는 남자들도 조명, 가구 등에 관심이 늘어나는 추세지만 대부분 소소한 인테리어 제품 등을 하나하나 찾아보고 구매하지는 않는다. 나 역시 경매 투자를 하기 전에는 인테리어에 전혀 관심이 없었다. 집은 고장 난 곳만 없으면 되고, 내가 아는 조명이란 형광등이 전부였다. 빌라 투자를 시작하면서 조금이라도 내 집의 경쟁력을 높이려다 보니 관심이 생겼고, 다른 집 인테리어를 유심히 관찰하게 됐다. 그러다 보니 조명의 중요성에 대해 깨닫게 됐다.

조명은 큰 비용이 들지 않는다. 최근 인테리어를 한 25평 아파트의 전체 조명을 바꾸는 데 20만 원의 자재비가 들었다. 몇 년 전까지만 해도 비싸서 쉽게 바꿀 수 없었지만, 요즘은 저렴하면서도 품질이 좋은 조명이 많다. 인터넷에서 다양한 조명을 구입할 수 있고, 셀프 설치 방법도 유튜브 등에 잘 나와 있다. 전체를 심플한 조명으로 교체하되 한 개 정도에 포인트 조명을 설치하면 만족스러운 인테리어가 완성된다.

세련되고 비싼 조명을 설치하면 좋겠지만 월세에 반영하기는 쉽지 않다. 살다 보면 파손될 수도 있어 추천하지 않는다. 무난한 가격의 조명으로도 충분하다. 옆집과 똑같이 부동산중개소에 내놓은 내 집이 일주일 만에 계약이 되고 월세도 10만 원 더 많이 받을 수 있었는데, 조명이 큰 몫을 했다고 생각한다.

1만 원대에 구입 가능한 모던한 조명

싱크대는 과감하게 교체해도 좋다

싱크대 교체는 적잖은 돈이 들기 때문에 고민이 많이 될 것이다. 일자형 기본 싱크대는 최소 120만 원부터 시작하고, 길이가 추가될수록 가격도 올라간다(2023년 기준). 그래서 낡은 싱크대를 어떻게든 교체하지 않으려고 애를 쓰는데, 나 역시 세제로 닦아도 보고 문짝에 필름도 붙여 봤지만 곧 포기했다. 아무리 깨끗이 닦아도 세월의 흔적은 지워지지 않았고, 필름을 붙이는 것도 눈 가리고 아웅하기 같았다. 문을 열면 안은 그대로이기 때문에 얕은 수단으로 세입자를 속이는 기분이 들었다. 당장은 필름 시공이 저렴하겠지만 몇 년 사용하면 결국 교체해야 할 게 뻔했다. 장기적으로 생각하자는 마음으로 싱크대를 교체하니 앓던 이가 빠진 것처럼 홀가분해졌다.

싱크대는 개인이 수리하기 쉽지 않다(물론 유튜브에 전부 나와 있지만). 그래서 도매로 최대한 저렴한 가격에 구매한 뒤 설치는 전문가에게 맡기는 방법을 많이 사용한다. 요즘에는 싱크대만 만드는 공장에서 심플한 디자인의 저렴한 제품이 많이 나온다. 직접 싱크대 공장에 연락해 샘플을 보고 계약하는 게 가장 좋다.

UBR 화장실은 철거 후 수리해야 된다

UBR(Unit Bath Room)은 공장에서 만들어 현장에서 조립하는 화장실인데, 일체화돼 있어 부분 수리가 쉽지 않다. 주로 플라스틱으로 만들어져 두드리면 통통 소리가 나고, 수납장 등이 벽과 붙어 있다.

UBR 스타일의 화장실은 철거 후 전부 리모델링을 해야 하는데, 1990년대 아파트 화장실이 대부분 UBR이다. 이런 화장실은 철거부터가 어렵고 방수, 배관 등에 꼼꼼히 신경 써야 해서 비용이 많이 든다. 오래된 아파트인데도 UBR 화장실이 아니라면 그 단지에서 인테리어가 잘된 집에 속할 것이다.

만약 UBR 화장실이 아니라면 타일과 수납장, 수전을 교체한다. 타일 공사는 고난도 작업이기에 전문가에게 맡기는 것이 좋다. 수납장과 수전은 인터넷에서 구매해 교체하고, 변기와 세면대는 깨끗이 닦으면 굳이 교체하지 않아도 된다.

지저분하거나 오래된 화장실은 남녀노소 모두 싫어한다. 하지만 모든 화장실을 수리할 필요는 없다. 수납장을 교체하고 청소만 깨끗이 해도 월세가 잘 나가는 빌라도 있다.

참고로 화장실 타일 공사를 할 때 현관과 베란다, 주방 타일 공사를 함께 진행하면 비용이 절약된다. 타일 한 장의 값보다 인건비 비용이 더 많이 책정되기 때문이다.

천장은 가급적 도배하지 않는다

도배는 벽면만 해도 무방하다. 보통 대부분의 천장은 깨끗해서 새로 해도 별로 티가 나지 않는다. 18평 빌라의 경우 도배에 50만~60만 원이 드는데(두 명의 인건비, 자재비 포함), 천장을 도배하지 않는 조건으로 한 명의 인건비와 천장에 들어가는 자재비를 아낄 수 있었다. 그렇게 37만 5,000원에 도배를 했다. 벽면만 붙이기 때문에 혼자서도 충분히 할 수 있고 작업을 시작하기 전에 팁으로 미리 3만 원을 드리면 기분 좋게 해주고 가신다(2023년 기준).

물론 훼손되어 있다면 천장도 도배해야 하지만, 그저 오래되어 변색된 경우라면 페인트칠을 한다. 곰팡이가 있다면 가려지고, 곰팡이가 없어도 예방 효과가 있으니 좋다. 냉장고가 있던 자리처럼 한쪽 벽면만 색이 바래거나 곰팡이가 있을 때도 수성 페인트를 부분적으로 칠해주면 된다.

문손잡이, 스위치, 콘센트 교체는 필수다

도배를 하고 나면 때가 탄 전등 스위치와 콘센트가 눈에 더 띄어 거슬린다. 다른 인테리어가 부족하다면 디테일에 신경 쓰는 것도 돈을 크게 줄이는 방법이다. 개당 몇천 원의 소액으로 프리미엄 소품 자재들을 구입할 수 있으니 직접 교체해 보자. 스위치나 콘센트, 조명을 설치하는 법은 한 번 배워놓으면 평생 쓸 수 있는 기술이다. 그만큼 절약되는 비용도 쌓여간다.

직접 할 수 없다면 도배를 진행할 때 도배하시는 분에게 부탁을 드린다. 대부분 그냥 해주시지만 비용을 요구하면 최대 3만 원 정도면 된다. 전등과 스위치 설치를 위해 따로 사람을 부르면 비용이 더 많이 든다.

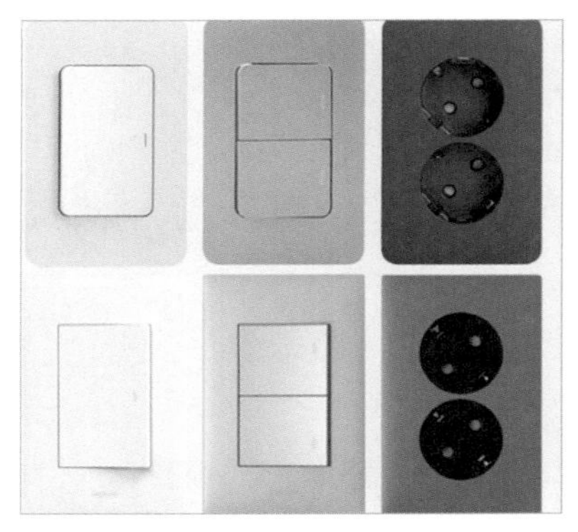
소액으로 구매 가능한 스위치 및 콘센트

낡고 녹슨 문손잡이도 새것으로 교체한다. 세입자는 이런 사소한 것들을 눈여겨본다. 사소한 것들이 교체가 안 돼 있다면 좀 더 큰 문제가 생겼을 때에도 수리를 해주지 않을 것 같은 불안감이 들 수 있다. 세심하게 신경을 써야 집에 대한 주인의 애정을 느끼고 세입자도 집을 깨끗이 쓴다.

셀프로 문손잡이 교체하기

이왕이면 친환경 보일러로 교체한다

오래된 보일러는 친환경 보일러로 교체한다. 시청이나 구청에 방문해 신청할 수도 있고, 친환경 가정용 보일러 인증

시스템(www.greenproduct.go.kr/boiler) 홈페이지에서 보조금을 신청할 수도 있다.

일반 가정은 10만 원, 수급권자나 차상위계층은 60만 원의 지원금을 받을 수 있다. 신청한다고 다 되는 것은 아니지만 지원을 확대하는 추세다. 그러니 이번 해에 지원을 받지 못했다면 다음 해에 다시 신청해보자. 세입자들은 이러한 지원을 모르는 경우가 많다. 알려주면 대부분 놀라면서 신청하고 혜택을 받는다.

고쳐야 할 곳은 미리 고쳐놓고 수리를 요구할 때 빠르게 처리해주면, 대부분 세입자는 월세를 밀리지 않고 이사도 잘 나가지 않는다. 집을 깨끗이 쓰고 고쳐가면서 내 집을 잘 관리해주니 주인 입장에서 고맙기도 하다.

다행히 투자를 시작한 뒤로 아직 큰 스트레스를 주는 세입자를 만난 적이 없다. 팬데믹으로 직장을 잃어 한두 달 월세를 밀린 세입자가 있기는 했다. 하지만 그는 사정이 되는 대로 최대한 빨리 월세를 지불하겠다고 미리 연락을 주었고, 내 재정 상태에 지장을 주지 않아 마음이 불편하지는 않았다.

월세를 잘 받는 노하우가 있다면, 월세 지불 날짜가 지났을 때 세입자에게 바로 연락을 취하는 것이다. 하루만 늦어도 고지를 해야지, 무작정 기다려서는 안 된다. 하나하나 챙기고 있다는 인상을 줘야 한다. 세입자도 습관이 되면 하루 이틀 늦는 건 예삿일이 될 수도 있다.

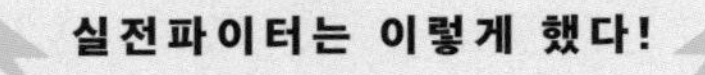

인테리어를 시행할 때 꼭 알아둬야 할 것

기본적으로 철거부터 싱크대 설치까지의 순서대로 인테리어를 진행합니다. 각각의 요소에서 인건비가 많이 들어 같은 공정은 동시에 하는 게 중요해요. 예를 들면 목수가 필요한 일, 타일 전문가가 필요한 일, 도배 전문가가 필요한 일 등 공정 및 인력별로 구분해서 시행하면 저렴하게 시공할 수 있습니다. 또한 불필요한 인테리어 과정은 과감히 생략해야 합니다. 임대만을 위해서라면 꼭 필요한 것만 진행해야 하는 거죠. 소요 시간은 짧게 7일, 길게는 30일 정도의 시간 여유가 필요합니다. 의외로 인테리어 기간을 확보하기가 쉽지 않습니다. 주택 취득일, 세입자의 입주일 등 고려해야 할 게 많아서요. 인테리어는 시작부터 끝까지 모든 일을 부드럽게 조율해야 하는 과정임을 잊지 마세요.

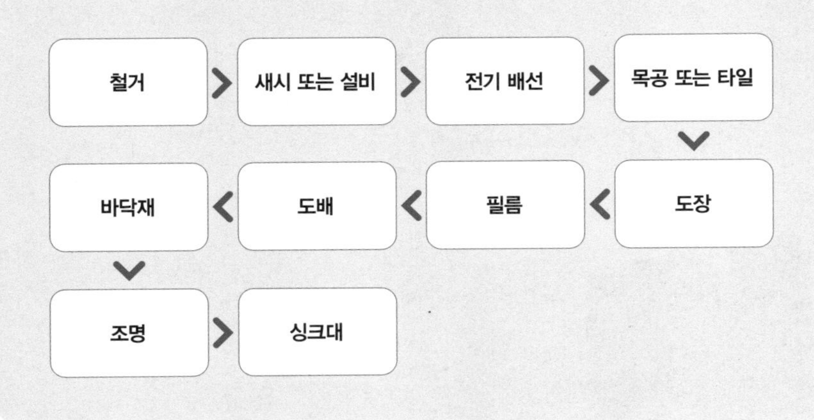